JN362399

잔소리하지 않고

유쾌하게 공부시키는 법 60

잔소리하지 않고 유쾌하게 공부시키는 법 60

이정숙 지음

나무생각

|지은이의 말|

부모는 자녀의 **미래를** 설계하는 **디자이너**

우리나라 어머니들의 최대 관심사는 자식의 공부 문제일 것이다. 나는 어떻게 하면 자식을 좋은 대학에 보낼 것인가를 고민하지 않는 어머니를 본 적이 없다. 임신 중인 신세대 부모들은 아기에게 언제부터 한글을 가르치는 것이 좋은가를 고민하고, 아이의 유치원 입학 때가 되면 본격적으로 대학 입시를 의식한다. 그리고 아이가 초등학교, 중학교, 고등학교를 다니는 동안 점차 공부의 강도를 높이고 그 뒷바라지에 쫓겨 자신의 인생은 뒷전으로 밀어낸다.

대한민국의 모든 어머니들이 자식이 태어나는 순간부터 대학 입시 경쟁에 나서기 때문에 경쟁은 나날이 치열해져 초 · 중 · 고등학생들은 평균 90점 정도를 맞고도 반에서 중간밖에 하지 못한다. "내 아이만은 일류 대학에 들여보내야 한다."는 열망 때문에 사교육비는 천문학적으로 높아지고, 상당히 많은 아이들이 어머니가 부추기는 광기에 가까운 공부 경쟁을 견디지 못해 문제를 일으키고 사회를 떠들썩하게 만들기도 한다.

이제는 2008년도부터 달라지는 대입 제도에 모든 중 · 고등학교 학부모들이 촉각을 곤두세운다. 논술 비중을 높이면 우리에게 얼마나 불리해질 것인가를 염려해서일 것이다. 그러나 어머니들의 이런 열정으로 일류 대학을 나온들 걱정이 끝나는 것이 아니다. 일류 대학을 졸업해도 취직이 보장되지 않기 때문이다. 우리나라 최고의 대학이라는 서울대가 세계 100위권 안에도 들지 못하는가 하면, 일류대 졸업자들마저 변변한 직장을 구하지 못해 부모에게 의존하는 캥거루족이 나날이 늘고 있다. 그 때문에 많은 어머니들이 국가의 교육제도를 탓하며 어린 자식을 데리고 미국, 호주, 뉴질랜드, 영국 등으로 조기 유학을 떠난다. 그러나 선진국의 학교 제도는 어머니 극성 때문에 억지로 공부한 아이들이 좋은 성적을 낼 수 있는 제도가 아니어서 성공률은 불과 2퍼센트도 안 된다. 대한민국은 지금 대입과 취업에 모든 에너지를 집중하고 있지만 결과는 기대에 한참 미치지 못하고 있다.

내가 이 책을 쓰게 된 경위는 이렇다. 나에게는 아들만 둘이 있는데, 큰아들은 애나버의 미시간대 건축학과를 수석으로 졸업하고 같은 대학원 전액 장학생이 되었으며, 작은아들은 뉴욕대 비즈니스 스쿨과 줄리어드 음대를 동시에 다니면서 《공부기술》《나는 맹수의 눈을 갖게 되었다》 등의 책을 써 대학 재학 중에 베스트셀러 작가가 되었다. 그리고 대학 졸업 후 프랑스로 건너가 프랑스 어로 석사 수료 자격 시험을 치르고 바로 박사 과정에 들어갈 예정이다.

우리 아이들은 모두 자기가 원하는 학교에서 좋은 성적을 거두었지만, 나는 아이들이 자라는 동안 "왜 공부 안 하니?"라고 성화를 대본 적이 없다. 그래서 나와 우리 아이들의 관계를 잘 아는 어머니들은 자주 그 비결을 묻곤 했다. 나는 그때마다 "아이들이 원하기도 전에 과외 선생 물색하고 학원 보내 선행 학습을 시키는 것보다, 아이들이 스스로 알아서 공부하게 만드는 것이 중요하다."는 핵심 노하우를 알려주었지만, 어떤 어머니는 좀더 자세히 설명해달라고 졸랐고, 어떤 어머니는 "댁의 자녀들은 원래부터 머리가 좋은 거 아니에요?" 라며 냉소적인 반응을 보였다.

나는 연년생 두 아들을 기르며 직장에 다녔기 때문에, 다른 어머니들처럼 '과탐'이니 '사탐'이니 하며 자녀들의 교과 과정을 쪼르르 외워 아이들 공부에 간섭할 형편이 못되었다. 친정어머니가 일찍 돌아가셔서 육아를 부탁할 마땅한 사람도 없었고, 오히려 들락날락하는 파출부를 대신해서 직접 가사 일과 직장 일을 병행해야 할 경우가 많았다. 그래서 과탐이 무엇이고 사탐이 무엇인지조차 아이들이 고등학교를 졸업한 후에야 알게 되었다.

그렇다고 해서 우리 아이들이 남달리 뛰어난 머리를 갖고 태어난 것도 아니다. 만약 우리 아이들이 날 때부터 머리가 뛰어났다면, 부모 뒷바라지와 상관없이 항상 상위권 성적을 거두었을 것이다. 그러나 우리 아이들의 성적은 간신히 중위권에 머물러 있었다. 아이들이 중학교 때 미국으로 유학을 간 이유도, 우리나라 교육제도가 마음에 들지 않아서 조기 유학을 떠난 것이 아니라, 나 자신을 위해 직장을 그만두고 부득이 아이들을 데리고 유학을 떠난 형편이어서 내 공부에 쫓겨 아이들 뒷바라지할 겨를이 없었다. 그래서 정말로 나를 잘 아는 사람들은 나처럼 이기적인 엄마는 없을 거라며 혀를 차곤 했다.

그렇다고 해서 내가 아이들의 공부에 전혀 무관심했는데도 아이들이 공부를 잘하게 된 것은 아니다. 나는 친정아버지로부터 배운 교육법, 즉 아이를 낳은 순간부터 어떻게 길러야 할 것인지 미리 디자인하고, 디자인한 대로 자라도록 보이지 않게 조종하는 방법을 써서 아이들 스스로 공부하도록 만드는 일에는 최선을 다했다. 그리고 지금 그 결과가 나타났다. 반면에 눈앞의 점수에 급급해 극성을 부리던 내 친구들은 아이들 교육에 실패하고 후회를 하고 있다. 그래서 나는 어머니들이 더 이상 눈앞의 점수 때문에 아이들을 망쳐 나중에 후회하지 않도록 이 책을 써야겠다고 결심하게 되었다.

그렇다고 해서 내 경험만으로 책을 쓰려는 것은 아니다. 나는 직장을 그만둔 후 약 10여 년 간 국내는 물론 미국에서 CEO들을 교육하고 컨설팅하면서 성공한 사람들의 어머니를 만날 기회가 많았다. 그들의 육아 방식이 내가 친정아버지에게서 전수받은 방식과 비슷하다는 것을 수없이 확인하면서, 이 책이 가치 있는 책이 되도록 그들의 이야기도 쓰려고 한다.

나는 이 책에서, 이미 자식의 대학 입시 홍역을 치른 내 친구들이 아이의 과외와 학교 공부 간섭 등으로 돈과 시간을 투자하고도 실패하고 후회한 사례들과 아이에게 잔소리하지 않고 스스로 공부하게 만들어 아이를 사회적으로 성공시킨 부모 이야기, 그리고 내 경험담을 모두 담았다.

이 책은 어머니들이 아이를 들볶지 않고도 스스로 공부하게 만들 수 있는 방법을 쉽게 터득할 수 있도록, 각각의 내용을 독립적으로 간단하게 써 필요한 대목만 읽고도 응용할 수 있도록 했다. 각 내용은 서로 독립적이지만 상호 연결되어 전체를 다 읽어도 지루하지 않고, 가사 노동과 육아에 시달리는 어머니들이 짧은 시간 안에 많은 정보를 얻도록 만들었다.

따라서 부모가 아이가 어렸을 때부터 공부할 수 있는 바탕을 만들어주고 보이지 않는 가운데 공부에 흥미를 갖도록 해주기만 하면 아이는 잔소리를 하지 않아도 알아서 열심히 공부할 것이다. 아이를 이렇게 키우고 싶은 부모라면 이 책을 책꽂이에 꽂아두고 각각의 상황마다 응용하면 상당히 많은 도움을 받을 수 있을 것이라고 확신한다.

2005년 7월

이정숙

|차 례|

CONTENTS

CONTENTS

공 부

엄마, 어디 가세요?
도서관~
졸졸졸졸...

국어 사전

01

왜 공부를 해야 하는지 **알게 하라**

아이들에게 왜 공부를 해야 하느냐고 물으면 우물쭈물한다. 좀 똘똘한 아이들이 "좋은 대학 못 나오면 취직도 안 되고 남에게 무시당하잖아요." 정도로 대답한다. 자신의 뜻이라기보다는 어머니의 생각을 그대로 말한 것에 불과한 것 같다.

요즘 아이들은 그다지 경제적인 어려움을 겪지도 않았고, 집에서도 떠받듦을 받고 자라 '공부 못하면 남에게 무시당한다'는 부모의 말을 실감하지 못한다. 그저 부모가 '국제화'를 내세우며 영어를 잘해야 한다고 말하니까 영어 공부를 하고, 수학이 중요한 과목이라고 하니까 열심히 해야 한다는 식이다. 따라서 "공부 못하면 바보 취급 받는다." "대학 못 나오면 사람 취급도 못 받는다." "좋은 대학 나와야 출세하고 돈도 많이 번다."와 같은 부모의 말은 아이들에게 공부할 의욕을 일깨울 수 없다.

요즘 아이들은 대부분 물질적인 부족을 모르고 산다. 못사는 것에 대한 개념도 희박하다. 공부를 못할 때보다 주먹이 약하거나, 노래를 못하거나, 새로 나온 컴퓨터 게임을 잘 모르거나, 첨단 기술 사용법을 모르거나, 연예인에 관한 정보를 모를 때 무시당한다. 요즘 아이들에게는 공부보다 옷 사고 연예인 가십을 알아내는 것이 더 중요한 것이다. 부모가 그런 아이들에게 공부 못하면 무시당한다며 너무 지나치게 다그치면 "공부 못하는 사람 무시하는 현실이 싫다."며 사회에 대한 불만만 키우게 된다.

요즘 아이들은 부모들이 공부 때문에 자기가 하고 싶은 일을 금지당하는 경우가 많아, 자기가 좋아하는 일만 하고 사는 것이 소원이다. 따라서 아이들이 알아서 스스로 공부하게 하고 싶으면, 평생 좋아하는 일만 하는 것이 공부의 목표라고 일러주면 쉽게 설득될 것이다. 이해를 돕기 위해 내 경험을 소개하겠다.

우리 큰아이는 돌잔치 때 선물 받은 레고 블록 놀이가 아주 마음에 들었던 모양이다. 그래서 한 살 아래인 동생이 손을 대려고 하면 "형이 만들어줄게!" 하면서 혼자만 가지고 놀았다. 그런데 이 아이가 초등학교 고학년이 되자 산수 공부를 몹시 싫어했다. 나는 어떻게 하면 아이가 산수 공부에 흥미를 갖게 될까 고민하다가 "네가 진짜로 멋진 집을 지으려면 산수를 잘해야 한다. 사람들은 공부 못하는 사람을 믿지 않기 때문에, 네가 공부를 못하면 네가 지은 집이 무너질까봐 너에게 집을 지어달라고 부탁을 하지 않을 것이다."라고 말해주었다. 아이는 내 말을 진지하게 듣더니 그 다음날부터 슬그머니 산수 공부를 시작했다. 그 결과 고등학교 때 대학 수학을 끝낼 정도로 수학 공부를 잘하게 되었다. 우리 큰아이의 공부 목적은 멋진 집을 짓는 것이 되었고, 집짓기와 관련된 공부라면 시키지 않아도 스스로 알아서 열심히 했다.

자녀가 유난히 컴퓨터 게임을 좋아하면 '컴퓨터 게임을 진짜로 잘하려면 무슨 공부를 해야 하는지'와 그런 공부를 하면 평생 좋아하는 컴퓨터 게임을 하면서 돈도 벌 수 있음을 설명해주면, 아이는 그것을 목표로 삼아 스스로 열심히 공부할 것이다.

어른들도 누군가가 이유가 분명하지 않은 일을 시키면 하기 싫듯, 아이들도 공부해야 할 분명한 목적을 모르면 공부가 싫을 수밖에 없다. 따라서 당신이 정말로 자녀가 스스로 열심히 공부하기를 원한다면 "남이 모르는 것을 너만 알면 모두 너를 사귀고 싶어할 것이다." "평생 네가 하고 싶은 일만 하고 살려면 지금 이러이러한 공부를 해야 한다." 등 아이들이 이해하기 쉬운 목적을 제시해 아이들 스스로 공부하는 목표가 뚜렷해지도록 해주면 아이와 공부 문제로 갈등을 일으키지 않아도 될 것이다. 아이들에게 공부를 해야 할 뚜렷한 목표가 생기면 부모가 굳이 공부하라고 잔소리하지 않아도 알아서 공부하는 기특한 아이로 변할 것이다.

가자!
미래로!!
이유를 설명하면
제 발로 갈 텐데…

02

인생의 목표는 **스스로 찾게** 하라

우리나라의 많은 청소년들이 자기는 인생 목표가 없다고 말한다. 부모에게 대놓고 말하지는 않지만, 자기들끼리 모이는 인터넷 사이트에 들어가보면 수많은 초 · 중 · 고등학생, 심지어 대학생들까지 인생 목표가 뭔지 몰라 사는 것이 재미없다는 하소연이 줄을 잇는다.

이들은 부모가 "일류 의대를 나와 돈을 많이 벌어라." "사법고시 붙고 법관이 되어라." "일류 음대 나와 세계적인 연주가가 되어라."와 같은 목표를 세워주는데, 자신은 그런 일에 묶여 일생을 보내기 싫다는 것이다. 부모님이 무서워 책상 앞에 앉아 있기는 하지만, 마음으로는 항상 '내가 이렇게 살아도 되는 걸까?' 하는 의구심을 떨칠 수 없다는 것이다. 이처럼 부모가 일방적으로 인생 목표를 정해주면 자식들은 그것을 자신의 목표로 받아들이지 않는다.

그리고 법대를 가고, 의대를 가는 것은 삶의 방식일 뿐 인생의 목표는 될 수 없다. 인생 목표란 '나는 남에게 아름다움을 전하는 사람이 되겠다.' '나는 세계를 누비며 살겠다.' '나는 나보다 약한 사람들에게 도움을 주겠다.' '나는 우리나라의 문화 예술을 세계 각국에 알리겠다.' 와 같은 포괄적인 것이어야 한다. 의사나 변호사와 같은 직업을 인생 목표로 정하면, 선택의 폭이 좁아 아이들을 질리게 하기 쉽다.

인생 목표는 포괄적인 것으로 정하되, 부모 마음대로가 아닌 자식이 원하는 목표로 정해야 아이에게 동기가 부여된다. 따라서 부모는 자식이 세운 목표가 마음에 들지 않아도 "그런 식으로 살면 이 다음에 거지나 되지." 하며 윽박지르지 말고, 아이 스스로 부모가 바라는 방향으로 인생 목표를 정하도록 보이지 않게 유도하는 것이 현명하다.

선박 사업으로 돈을 벌어 나중에 미국 메이저 리그의 양키스 팀을 사들여 최고의 명문 야구 팀으로 만든 조지 스타인브레너는, 자기가 부자가 된 이유는 아버지가 인생 목표를 부자로 잡도록 만드셨기 때문이라고 말한다. 그의 아버지는 독일에서 미국으로 건너와 MIT 공대를 나온 인텔리였다. 그는 가난하게 산 사람은 아니었지만 아들이 부자가 되고 싶다는 인생 목표를 갖도록 "누구나 일을 해서 돈을 벌어야 한다."며 아들에게 절대 용돈을 주지 않다가 열세 살이 되자 "너도 이제부터는 일하는 법도 배우고 돈 버는 법도 터득해 나가라."고 말했다고 한다.

조지 스타인브레너의 아버지는 아들에게 돈을 빌려줄 테니 병아리를 길러 돈을 벌어보라고 제안했다. 그는 아버지의 제안대로 조그만 양계장을 만들어 달걀을 팔아 돈을 벌기 시작했다. 그는 양계장을 운영하면서, 돈이란 벌기도 힘들지만 그것을 적절히 유용하는 것도 힘들다는 것과 세상 어떤 일도 저절로 되는 일은 없다는 사실, 농부들은 참 대단하다는 사실 등을 배웠다고 한다. 그는 훗날 이때 배운 돈 버는 방식으로 거부가 되었으며, 닭을 비롯한 조류에 대해서는 전공 박사들이 손을 들 정도로 해박한 지식을 가지게 되었다고 한다. 그는 아버지가 은밀하게 이끈, 부자가 된다는 인생 목표를 세웠으며, 그후부터 아버지는 아들이 인생 목표를 달성하는 것만 지켜보았다고 말한다.

미국 상원의원 힐러리 클린턴 역시 아버지가 가난한 동네 파크리지에서 딸에게 "너는 미국 최고의 여성이 될 사람"이라며 부자 동네로 이사해 부자들의 매너와 사고방식을 익히게 해 미국에서 가장 뛰어난 퍼스트레이디가 되게 했다.

나 역시 우리 아이들에게 어느 대학을 나와서 어떤 직업을 가지라고 말하지 않고 "한국이 아닌 세계를 무대로 삼아 살면 좋겠다."라고만 말하고, 초등학교 재학 때 함께 유럽 배낭 여행을 다녀왔으며, 세계사 책을 많이 읽게 함으로써 아이들 스스로 인생 목표를 '세계 시민이 되는 것'으로 정하고, 세계 시민으로서 지녀야 할 여러 외국어와 와인과 칵테일과 펜싱 등을 배우려고 애쓰게 만들었다.

아이들에게도 인생 목표는 최고의 에너지를 쏟게 만든다. 따라서 지금부터라도 자식이 스스로 인생 목표를 세우도록 하고 그 목표를 달성하도록 은밀히 이끄는 지혜를 발휘하면 아이의 공부 걱정은 그만 해도 될 것이다.

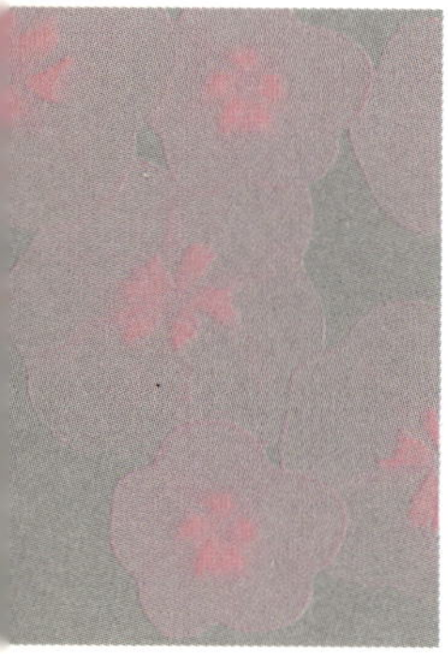

03

큰 목표를 세우고 그것을 잘게 **나누도록** 하라

인생 목표는 자녀 스스로 정하게 한 후 부모는 그 목표를 잘 달성할 수 있도록 도와주기만 하면 된다. 예를 들어 자녀의 인생 목표가 '우리나라 문화를 세계에 널리 알리는 것' 이라면, 부모는 그 일을 했던 사람들을 소개해 자식의 인생 목표가 더욱 공고해지게 해주면 되는 것이다.

"이탈리아의 메디치는 동양과 서양을 연결하는 무역으로 거부가 되었고, 르네상스 문화를 꽃피워 전 세계에 르네상스 문화를 전파했다." "미국의 빌 게이츠는 컴퓨터라는 괴물을 세상 모든 사람들의 필수품으로 만들어 국가와 인종, 나이를 뛰어넘어 미국 문화를 전 세계 사람들이 받아들이도록 했고, 많은 돈을 들여 아프리카 등 못사는 나라 빈

민들에게 약품과 교육을 제공해서 미국의 위상을 드높였다." "삼성의 이건희는 뉴욕 메트로폴리탄에 한국관을 기증하고, 뉴욕에 코엑스몰과 비슷한 삼성몰을 세워 미국인들이 한국 문화를 제대로 이해하도록 했다."는 등의 이야기를 들려주는 것만으로도 초등학생 이상의 아이라면 우리나라 문화를 널리 알리려면 돈을 많이 벌어야 한다는 사실을 깨닫게 될 것이다.

부모의 말을 듣고 아이가 돈 버는 일에 관심을 갖게 되면 부모는 자녀와 함께 어떤 분야의 공부를 해야 돈을 많이 벌 수 있는지, 혹은 어떤 사업을 하는 것이 인생 목표에 빨리 도달할 수 있는지 등에 대해서 토론해볼 수 있을 것이다. 이 과정이 끝나면 자녀 스스로 돈 버는 방법을 선택하게 하고, 함께 인생 목표를 달성하기 위한 '로드 맵'을 짜면 된다.

로드 맵이란 어떤 방향으로, 어떻게 공부해서, 어떻게 목표에 다다를 것인가의 경로를 그린 인생 지도를 말한다. 일단 큰 목표는 '우리나라 문화를 세계에 널리 알리는 사람'으로 하고, 그 다음에는 '그 일을 하기 위해 돈을 버는 법'으로 정한다. 그 다음에는 돈을 벌려면 '어떤 공부를 해야 하는가'를 정하고, 그 공부를 하려면 '어떤 식으로 어떻게 해나가야 하는지'를 연간 · 월간 · 주간 · 일간 · 시간당으로 나누어 도표로 만들면 로드 맵이 끝난다.

로드 맵에는 공부 이외에도 돈을 많이 번 사람들에 대한 책이나 업계의 흐름을 알 수 있는 잡지를 읽을 시간을 고려해야 한다. 또한 중 · 고등학교 때부터 돈 잘 버는 회사를 견학하고 아르바이트할 시간도 고려해두는 것이 좋다. 큰 단위에서 차츰 작은 단위로 갈라내면 일일 공부량이 그다지 많지 않을 것이다. 이때 공부량이 너무 적다고 부모가 다른 공부도 하라며 압력을 넣을 것이 아니라, 그 적은 양의 공부를 매일 하루도 빼놓지 않고 제대로 실천하도록 하는 것이 좋다. 한꺼번에 많은 공부를 하지 않아도, 하루도 거르지 않고 다 소화하면 나중에는 엄청난 양의 공부가 쌓일 것이다.

예를 들면 하루도 빠지지 않고 영어 단어를 20개씩 1년 간 외우면 7,300개를 외울 수 있고 2년이면 14,600개가 될 것이다. 미국 아이비리그 대학생들이 사용하는 평균 단어 수가 12,000개인 것을 감안하면 2년만 충실히 단어를 외워도 미국 아이비리그 대학생과 같은 어휘력을 갖게 된다는 계산이 나온다.

그러나 우리나라 학생들은 초등학교 때부터 영어를 배우고도 평생 동안 영어가 안 돼 고생한다. 그 이유는 욕심 많은 학부모와 교사들이 아이들에게 하루에 200개 정도의 단어를 억지로 외우게 하기 때문이다. 그렇게 외우면 1년 만에 146,000개의 단어를 알아야 한다. 결과적으로 미국 아이들보다 더 많은 단어를 아는 것이다. 그런데 아이들은 억지로 단어를 외우느라고 힘만 뺐지 외운 단어를 전혀 기억하지 못해 매일 단어를 외우고도 쉬운 원서 하나 제대로 읽지 못하는 것이다. 이렇게 치밀하게 계획을 세워 공부를 하면, 시간이 흐를수록 계획을 세우지 않고 공부한 아이들과 결과에 있어서 매우 큰 차이가 날 것이다.

따라서 자식에게 밑도 끝도 없이 "공부해라!"를 외치지 않고, 인생 목표를 분명히 정하고, 큰 목표에서 작은 목표로 쪼갠 후 매일 거이 많은 밥을 다 먹는 방법은?

르지 않고 실천할 수 있는 로드 맵을 짜 그대로 실천하도록 하면 공부 때문에 자식과 사이가 나빠질 이유가 없다.

04

계획표는 항상 눈에 잘 띄는 곳에 **붙이게 하라**

막연하게 머릿속으로 생각하는 것과 글로 써서 눈에 띄는 곳에 붙여놓는 것의 차이는 매우 크다. 순간적인 생각은 그 순간이 지나면 잊혀지지만 그 생각을 써서 벽에 붙여두면 머리에 반복해서 입력이 되기 때문에 잊혀지지 않는 것이다.

동서양을 막론하고 대부분의 심리학자들이 사람은 귀로 듣는 것보다 눈으로 보는 것을 더 오래 기억한다고 말한다. 예를 들어서 프랑스 파리에 가보지 않은 사람이 이미 다녀온 사람에게서 파리에 대한 설명을 아무리 잘 들어도 얼마 지나지 않아 내용을 거의 다 잊어버리지만, 직접 다녀온 사람은 전혀 설명을 듣지 않고도 파리를 오래 기억할 수 있는 것이다.

하버드 대학의 골드만 교수는 사람의 두뇌는 글자나 부호 등을 있는 그대로 입력시키지 못하고 그림으로 바꾸어야만 저장할 수 있는 구조로 되어 있다는 것을 밝혀냈다. 컴퓨터로 치면 화상 저장만 가능한 컴퓨터라는 것이다. 이러한 두뇌의 특성 때문에 머리로만 생각하는 것보다 글로 쓰면 내용이 더 선명해지고, 그것을 그림으로 만들어 재구성하면 기억력이 더욱 높아진다.

따라서 자녀의 인생 목표가 정해지고, 소단위로 나누어 실천 계획표를 짠 다음에는, 그것을 서랍 안에 잠재우지 말고 내용을 크게 써서 벽에 붙여놓아야 잊지 않고 매일 실천할 수 있다. 가급적 도표로 만들어 시각화하면 두뇌에 입력이 더욱 잘 된다. 매일 매일의 실천 사항을 체크하는 난을 만들어 날마다 직접 실천 여부를 체크하도록 하면 하루 일과를 빠뜨리는 것도 방지할 수 있다.

미국의 예일 대학교는 학생들을 대상으로 졸업 후 갖고 싶은 직업, 재산, 가정생활, 인생의 최종 목표 등이 무엇인지 조사해 발표하곤 한다. 조사 방법은 학창 시절에 인생 목표를 도표로 구체적으로 적어 벽에 붙인 학생과, 대충 생각나는 대로 적고 서랍 속에 버려둔 학생에 대해 20년 후에 다시 조사해 그 결과를 밝혀내는 것이다. 이 조사 결과 인생 목표를 정하고 구체적인 계획표를 만들어 벽에 붙여두고 실천 여부를 체크한 학생들은 대부분 학창 시절에 세운 목표에 근접한 성공을 거두었지만, 그렇지 못한 학생들은 대부분 자신이 원하는 목표에 한참 미치지 못하는 성인이 된 것으로 나타났다.

직장인 중에도 자기의 인생 목표를 적어서 벽에 붙여놓은 사

간식 타임~
TIME TABLE
공부

람들은 자기가 원하는 위치까지 올라간다는 연구 결과가 많다. 김영삼 전 대통령도 중학교 때부터 책상 앞에 '대통령이 되겠다'고 써붙여 두었다가 마침내 대통령이 되어 화제가 되기도 했다.

우리 아이들은 고등학교 때까지 같은 방을 사용했는데, 고등학교 때 부자 친구들을 많이 사귀더니 자기들은 부자가 되기 위해 열심히 공부하겠다는 공부 목표를 정했다. 그러더니 세계에서 가장 비싼 스포츠카 다섯 대가 차고에 들어가 있는 그림을 사다가 책상 위에 붙여두었다. 아이들은 매일 그 그림을 보면서 그런 차고와 차를 사기 위해 공부를 잘해야 한다고 말했다. 물론 대학을 졸업한 지금은 돈만 많이 버는 것보다는 폼 나게 사는 것이 더 중요하다며 그 그림을 창고에 처박아두었지만, 부자를 목표로 공부할 때는 "공부 좀 그만하고 자라."고 말려야 할 정도로 열심히 했다.

만약 당신 자녀가 자기 방 벽을 인기 연예인 사진으로 장식했다면 당장 떼어버리라고 호통쳐서 부작용을 일으킬 필요는 없지만, 사진 옆이라도 빈 벽에 인생 목표를 써붙이게 하고, 다음에는 실천 계획표, 그 다음에는 로드 맵 순으로 차츰 늘려 결국에는 벽면이 부족해서 아이 스스로 연예인 사진을 떼어내게 하는 전략을 짜야 한다. 그렇게 해서 매일 벽에 적힌 인생 목표와 실천 사항을 머리에 재입력하게 하면 부모가 공부 때문에 성화를 부리지 않아도 아이 스스로 알아서 공부하는 태도를 갖게 될 것이다.

05

시간 감각을 길러주어라

'시테크' 라는 말이 있을 만큼 이제는 시간 관리가 재산이다. 누가 얼마나 신속하고 정확한 정보를 입수해 행동으로 옮기는가에 따라 성공 여부가 결정되는 것이다. 시테크의 기본은 시간 감각이다. 시간 감각은 일찍 자고 일찍 일어나는 것처럼 습관을 통해 기를 수 있다. 자녀와 함께 인생 목표를 잘 정하고, 연간 · 월간 · 주간 · 일간 · 시간당 생활 계획표를 정교하게 짜도 시간에 맞춰 계획표대로 실행하지 않으면 쓸모가 없을 것이다.

아이에게 시간 감각을 길러주는 것은 인생 목표에 도달하는 길을 열어주는 중요한 일이다. 시간 감각은 어릴수록 길러주기가 쉽다. 만약 당신의 자녀가 젖먹이라면 일정한 시간에 맞춰 젖을 먹이는 일로

부터 시간 감각 기르기를 시작하는 것이 좋다. 그러나 '늦었다고 생각할 때가 가장 빠른 때'라는 말도 있듯, 초등학교 이상의 자녀를 둔 부모라고 해서 실망할 필요는 없다. 다 큰 아이도 부모가 인내심만 가지면 얼마든지 시간 감각을 길러줄 수 있다. 다 큰 아이에게 시간 감각을 길러주려면 욕심껏 갑자기 모든 생활 패턴을 바꾸라고 강요할 것이 아니라, 한 가지씩 서서히 바꾸도록 하는 전략이 있어야 한다.

가영이 어머니는 가영이가 오빠 진영이와 싸우자 걱정이 앞섰지만, 싸우는 이유를 알고는 속으로 쾌재를 불렀다. 진영이가 가영이에게 "너는 어떻게 머리 감는 데 30분이나 걸리고, 화장실에서 한 시간씩 머무냐?"며 야단을 치고 있었기 때문이다. 그녀는 그동안 오빠에 비해 행동이 느리고 게으름을 부리는 가영이가 못마땅했지만 뾰족한 대책을 세우지 못했다. 다만 "언제쯤 날을 잡아서 이 문제를 짚고 넘어가야지." 하며 벼르기만 했다. 그런데 진영이가 동생에게 시간 낭비를 줄이라며 이 문제를 거론하고 나선 것이다. 가영이는 야단치는 오빠에게 "오빠가 긴 머리 해봤어? 긴 머리 감는 데 얼마나 시간이 많이 걸리는지 알아?" 하며 대들었다. 그녀는 '진영이가 여자의 특성을 잘 몰라서 몰아붙이는 건 아닐까?' 하는 걱정이 들기는 했지만, 섣불리 나서면 안 될 것 같아 일단 지켜보기로 했다.

진영이는 공부를 잘하고 친구들과 선생님에게 인정받는 아이인 반면, 가영이는 그저 평범한 학생이었다. 가영이는 중학생인 오빠를 은근히 두려워해 부모 말은 안 들어도 오빠 말은 잘 듣는 편이었다.

진영이는 가영이에게 자기가 시계를 들고 지켜볼 테니 10분

만에 머리를 감아보라고 제안했다. 가영이는 울상인 채로 마지못해 고개를 끄덕였다. 그런 가영이가 마침내 10분 만에 머리를 감는 데 성공했다. 가영이 자신도 못 믿겠다는 듯 얼굴이 환해졌다. 진영이는 "그것 봐. 머리 감는 시간을 3분의 1로 줄였잖아. 화장실 가는 시간하고 밥 먹는 시간도 그렇게 줄일 수 있어. 그 시간을 공부하는 데 쓰면 세 배는 더 할 수 있겠다. 놀 때는 화끈하게 놀고, 공부할 때는 열심히 공부해야 좋은 성적을 올릴 수 있어. 괜히 쓸데없는 데 시간 낭비하지 말고, 차라리 시간을 아껴서 실컷 놀아."라고 말했다. 가영이는 밝아진 얼굴로 오빠를 향해 고개를 끄덕였다.

이처럼 한 가지씩 실천에 옮겨 시간을 줄이기 시작하면 공부를 하고도 시간이 남아 아이들의 부담을 크게 줄일 수 있다. 시간 줄이는 일을 실천에 옮기게 하면 처음에는 적응이 잘 안 돼 공부하는 데보다 시간 체크에만 신경이 쓰여 공부가 잘 안 될 수 있다. 이럴 때 어머니의 도움이 필요하다.

익숙해지기 전에는 어머니가 계획표대로 시간을 체크하며 "다음 과목을 공부해라." "잠시 쉬어라." 등을 일깨워주는 것이 좋다. 그런 식으로 시간을 지키다보면 아이의 시간 감각이 길러질 것이다. 이때부터 부모는 서서히 체크 횟수를 줄이고 자녀 스스로 시간을 체크하도록 해도 된다. 그러면 아이는 점차 시간 가는 일에 신경을 덜 쓰고, 주어진 시간 안에 공부하는 것이 편안해질 것이다.

시간 감각을 기르게 하려면 친구들과의 전화 통화도 특정 시간을 정해서 하게 하고, 그 외 시간에는 문자만 보내는 식으로 제한하는 방법도 생각할 수 있다. 그 밖에 머리 감는 일, 양치질하는 일, 옷 갈아입는 일, 잠자리에서 일어나는 일, 밥 먹는 일, 다른 사람 일에 참견하는 일, 친구 만나는 일 등에 대한 시간도 적절히 조절하도록 해야 한다. 아이들은 부모의 강압적인 태도에 반발해 일부러 화장실에서 바지를 오래 추키거나 머리를 물에 담근 채 오래 시간을 끌며 부모 속을 태우기도 한다. 그러나 이런 태도가 습관으로 굳어지면 시간 감각이 무뎌져 공부할 시간이 부족해질 것이다.

따라서 아이들이 편안하게 공부를 하게 하려면 어릴 때부터 시간을 불필요하게 낭비하지 않도록 강압적으로 시키지 말고 스스로 시간을 줄이도록 통제해, 각각의 일에 소요되는 시간을 최소화하는 습관을 길러주어야 한다.

06

목표가 정해지면 **세뇌시켜라**

아이들은 자라면서 부모가 반복적으로 들려준 말에 큰 영향을 받는다. 미국의 TWA 항공사를 세운 하워드 휴즈를 모델로 한 영화 〈에비에이터〉는 그의 어머니가 아기인 그를 목욕시키면서 단 한 번도 거르지 않고 '전염병' 이라는 단어를 외우게 하는 장면으로 시작된다. 그의 어머니는 전염병이 창궐하던 1900년대 초반에 아기를 전염병으로부터 보호하려고 목욕을 시킬 때마다 깨끗이 씻지 않으면 죽을 수 있다는 말을 반복한다. 그러나 어머니의 세뇌는 아들에게 너무 큰 영향을 미쳐, 그는 거대한 항공사 사장으로 성장한 다음에도 어릴 때 어머니가 자신을 목욕시킬 때 사용했던 비누를 주머니에 넣고 다니며 전염병을 막으려고 할 정도의 결벽증 환자가 되었다. 그래서 영화와 항공 사업으로 큰 성공을 거두고도 어머니가 세뇌시킨 전염병의 망령에서 벗어나지 못해 말년에는 정신병원에서 살아야 했다.

이처럼 어머니가 어린 아기에게 반복적으로 들려준 말은 아이의 운명을 바꿀 정도로 막대한 영향을 끼친다. 이런 점을 잘 이용하면 얼마든지 아이 스스로 공부하게 만들 수 있다. 이것은 반드시 말로만 통할 수 있는 것도 아니다. 부모가 반복적인 행동을 보이는 것으로도 아이들은 자신의 행동을 부모의 것과 맞추려고 노력한다. 이처럼 반복적으로 주입시키는 것을 세뇌라고 한다. 나는 아이들에게 "시간이 곧 돈이다."라는 것을 세뇌시켜 어떤 일도 정해진 시간 안에 마치는 습관을 길러주었다.

어려서 소아마비를 앓고 1급 지체 장애자가 된 서강대학교 장영희 교수는 한 방송 인터뷰에서 "나는 태어나서 아버지가 돌아가실 때까지 아버지가 앉은뱅이책상을 놓고 글을 쓰시는 것만 보고 자라 나도 당연히 그렇게 해야 한다고 믿었다. 우리 형제들은 대학 갈 때 무엇을 전공할 것인지를 달리 생각해보지 않고, 아버지의 전공을 따라 영문과에 가야 한다고 믿었다."고 말했다. 그녀의 아버지는 서울대학교 영문과 교수 봉급으로 6남매를 키우기 어려워 잠시도 쉬지 않고 번역을 했다는 것이다. 그 결과 그녀는 두 다리는 물론 한 팔을 못 쓰는 데도 아버지처럼 왕성한 번역가로, 신문 칼럼니스트로 활약해 주변 사람들의 가슴을 뭉클하게 한다.

따라서 자식이 다 자란 다음에 "공부하라!"고 무작정 성화를 부릴 것이 아니라, 아이가 태어나기 전부터 아이를 어떻게 키워야 하는

길이 보여요!!

지에 관한 계획을 세우고, 거기에 맞게 세뇌시키고 반복적인 행동을 보여주면 공부 때문에 자녀와 갈등을 일으키지 않아도 될 것이다.

07

넘어지면 일으키지 말고 지켜보아라

나는 지난해 겨울, 미국에서 잠시 귀국한 작은아이와 함께 공원을 거닐다가 세 살쯤 된 한 여자아이가 마른 잔디 위에 풀썩 넘어지는 것을 목격했다. 작은아이는 반사적으로 그 아이를 일으키려고 달려나갔다. 나는 "일으키지 말고 내버려두는 게 아이를 도와주는 거야."라며 작은아이를 말렸다. 그 아이는 달리는 것을 중지하며 나를 의아한 표정으로 쳐다보았다.

여자아이는 아무도 자기에게 관심을 보이지 않자 넘어진 자세로 주변을 둘러보더니 먼지를 툭툭 털고 일어나 부모 뒤를 쫓았다. 나는 작은아이에게 "저것 봐. 도와줄 사람이 안 보이니까 혼자 잘 일어나잖아. 너도 이 다음에 아빠가 되면 네 아기가 넘어지면 일으키지 말고 못 본 척하면서 지켜만 보아라."라고 일렀다. 작은아이는 "정말 신기하네요."라며 웃었다.

어린아이들도 자기가 의지할 만한 사람이 있는지 없는지를 구분할 줄 안다. 의지할 사람이 있으면 별일 아닌 데도 '빨리 달려와 도와달라' 며 울고불고 난리를 친다. 그러나 도와줄 사람이 전혀 없다는 것을 알면 조용히 스스로 해결한다. 그런데 누군가 일으켜주는 것이 습관화되어버리면 도와줄 사람이 나타날 때까지 울면서 기다린다. 그래서 나는 우리 아이들도 아장아장 걸을 때부터 넘어지면 일으켜주지 않고 "옳지 잘한다. 혼자 일어날 수 있지?" 하며 스스로 일어나도록 부추기기만 했다.

나는 직장 때문에 집에서 상주하는 아주머니에게 큰아이를 맡겼는데, 그 아주머니가 아이가 걸음마를 배울 때 걸음마 연습할 기회를 주지 않고 유모차만 태우고 외출을 일삼아 서너 살이 될 때까지 똑바로 걷지 못하는 부작용이 나타났다.

그후 그 아주머니도 가고 아이가 혼자서 활발하게 걸어다닐 수 있는 나이가 되자 나는 아이의 걸음 연습을 시키기로 했다. 그 당시 우리집은 축대가 높고 대문 밖이 비탈길인 곳에 있었다. 걸음이 서툰 우리 아이가 그 언덕 밖을 걸어서 벗어나기는 매우 어려웠다. 그래서 번번이 넘어져 무릎이 성할 날이 없었다. 어떤 때는 콘크리트 바닥에 갈린 상처에 딱지가 앉기도 전에 또 넘어져 딱지가 덕지덕지해졌다. 그런데도 나는 대문 밖에 나갈 때 아이의 손을 붙잡아주지 않고 혼자 걸으라고 했다. 가끔은 지나가는 사람들이 "아기 무릎이 왜 저래. 아프겠

혼자 일어서게
도와주셔서
감사해요
……

다!" 하며 나를 흘겨보곤 했지만, 나는 동요하지 않았다. 무릎에 약을 발라준 지 얼마 되지 않아 다시 상처가 나 흉하게 일그러진 아기의 무릎을 보며 가슴이 아프지 않을 엄마가 어디 있겠는가? 그러나 나는 자식을 잘 기르려면 자식이 스스로 일어설 수 있도록 가슴 아파도 일으켜주면 안 된다고 믿어 아이가 넘어지면 혼자 일어나도록 했다.

나는 자식을 공부 잘하는 아이로 자라게 하려면 부모가 마음껏 사랑을 펴줄 것이 아니라, 사랑을 절제해 자립심을 길러주어야 한다고 생각한다. 내 생각은 맞았다. 어려서부터 혼자 일어나는 법을 배운 우리 아이들은 만리 타국에서 누구의 도움도 받지 않고 혼자 공부해 남들이 부러워할 만한 성과를 올렸다. 공부는 누구의 도움 없이 혼자 해야 하는 고행 중 고행이다. 따라서 아기 때부터 남의 도움 없이 혼자 일어설 줄 아는 사람만이 공부라는 고행의 길을 기꺼이 걸을 수 있는 것이다.

지난해 흑인 가수 레이 찰스의 일생을 그린 영화 〈레이〉가 우리나라에서도 상영되었다. 이 영화는 시각장애자 아들인 레이 찰스를 세계적인 재즈 가수로 키운 어머니의 눈물겨운 사연이 돋보이는 작품이다. 그녀는 앞 못 보는 아들이 자립할 수 있도록 넘어져도 절대 붙잡아주지 않고 혼자 일어서도록 했다. 어린 아들이 여기저기 부딪쳐 암흑 속에서 애달프게 울며 엄마를 찾았지만 그의 어머니는 울음을 삼키며 아들이 스스로 일어설 때까지 지켜만 보았다. 그녀는 넘어져 일어설 때마다 비틀거리는 아들에게 손을 내밀어 부축하는 것은, 어머니라면 누구나 할 수 있는 일이지만, 그 아들이 홀로 설 때까지 숨어서 지켜보며 홀로 기다리는 것은 정말로 자식을 사랑하는 어머니만이 할 수 있는 일임을 보여주었다.

따라서 당신도 자식을 스스로 알아서 공부하는 아이로 기르고 싶다면, 자식이 “밥!” 하고 말하면 밥을 차려주고 “물!” 하면 물을 떠다 바치는 일을 중지하고, 자기 일을 스스로 해결하도록 해야 할 것이다. 아이가 자기 일을 혼자 해결할 줄 모르면 혼자 공부할 수도 없기 때문이다.

08

여섯 살까지만 엄격하게,
그 다음부터는 **간섭하지 말라**

아기는 어른들이 상상하는 것보다 훨씬 영리해서, 부모가 잘만 조절하면 대소변 가리기처럼 공부 습관은 물론 평생 간직할 가치관도 미리부터 만들어줄 수 있다.

우리 친정 부모님은 우리 형제들을 키울 때 여섯 살이 되기 전에 공부 습관과 평생 간직할 인생관을 다 길러주셨다. 여섯 살 이전에 "밖에서 무시당하면 집에서도 무시당할 수밖에 없다." "공부 못하는 사람은 밖에서 무시당하는 사람이 되기 쉽다." "책은 부모님과 같은 존재다. 항상 귀하게 여겨라." 등을 귀에 못이 박힐 정도로 세뇌시키셨다.

우리 친정어머니는 오랜 지병 끝에 장녀인 내가 막 고등학교를 졸업하는 나이, 막내동생이 여섯 살 되던 해에 세상을 떠나셨다. 그 당시 우리집은 살림 규모가 크고 식객도 많은 편이어서, 친척들은 안주인이 세상을 떠나 곧 집안이 망할 거라고 수군대 우리 가족을 더욱 우울하게 했다. 특히 겨우 여섯 살밖에 안 된 막내동생의 장래가 큰 문제라며 입방아들을 찧어댔다. 그러나 우리 막내동생은 그들의 예상을 깨고 대학 졸업과 동시에 사법고시에 붙었고, 지금은 인정받는 변호사로 활동하고 있다. 그 바로 위 남동생 역시 어머니가 돌아가실 때 겨우 아홉 살이었지만, 남들이 부러워하는 서울대 법대에 들어갔으며 대학 졸업반 때 사법고시에 붙었다. 내 바로 밑의 여동생은 당시 고1이었는데, 그 아이 역시 대학 교수가 되었다. 친척들은 이러한 결과를 보고 기적이라고 말하지만, 나는 어머니가 아이들이 여섯 살이 되기 전까지 모든 인생관을 가르친 결과라고 생각한다.

내 기억으로 우리 어머니는 어린 자식들을 혹독할 정도로 훈련시키며 "아이들은 여섯 살까지 버릇을 잘 들여놓으면 이 다음에 어떤 풍파도 스스로 이길 수 있다."고 말씀하시곤 했다. 그 대신 여섯 살 후의 잔소리는 부모 자식간의 사이만 나빠지게 할 뿐이라며 일체 잔소리를 하지 않으셨다. 나는 어머니의 이러한 육아법이 어떤 결과를 가져오는지를 이미 체험했기 때문에 우리 아이들에게 그대로 적용했다.

나도 아이들이 여섯 살 이전에는 "남에게 무시당하는 것이 왜 문제인가?" "공부를 잘하면 어떤 혜택이 돌아오는가?" 등을 주입시키고 책 읽고 글 쓰는 습관 등을 길러준 후, 여섯 살이 넘은 다음부터는 공부를 더 열심히 하라거나 그런 일은 하지 말라는 등의 잔소리는 거의 하지 않았다.

6살까지만!!!
GO! GO!

그러나 내가 여섯 살 이전에 부모가 원하는 습관을 길러주는 것이 좋다고 주장하는 것은, 이미 선진국 유치원에서 적용하는 방법이기 때문이다. 친척 중에 부부 교수 커플이 있는데, 세 살 먹은 아들을 데리고 미국 대학의 교환 교수로 가게 되었다. 그 아이는 미국 가기 전까지 할머니가 돌봐주셨는데, 할머니가 아이에게 옷을 입히거나 잠자리 정리 같은 것까지 모두 다 해주셔서 그 아이는 자기가 자고 난 잠자리를 정리해야 한다거나 장난감을 정리해야 한다는 개념이 없었다.

그런데 단 일 년 동안 미국의 유치원을 다니고 귀국한 후부터 자기 잠자리 정리는 물론 잠옷까지 반듯하게 개서 머리맡에 두었다. 미국의 유치원은 아이들이 자고 싶으면 언제든지 자게 한다. 그 대신 자기 스스로 침대에 가서 제대로 누워 자도록 훈련시킨다. 아이가 자기 물건을 잘 챙기지 않으면 교사가 찾아주는 것이 아니라 아이 스스로 찾아내도록 해, 자기 물건을 스스로 챙기지 않으면 얼마나 불편한지를 체험하게 한다. 아이들은 이런 체험을 통해 좋은 생활 습관을 기른다.

부모가 마음이 약해서 "아직 어린데 벌써부터……"라고 망설이는 동안 아이의 공부 습관 기르기는 점차 더 어려워질 것이다. 그러나 여섯 살이 넘은 아이들도 부모가 인내심을 가지고 한 가지씩 습관을 바꾸어주면 서서히 공부 습관을 굳힐 수 있다.

09

어릴 때부터 삶의 비전을 제시하라

요즘에는 신인 개그맨들이 혜성처럼 나타나 대중의 주목을 받곤 한다. 어떤 프로그램에서는 스타 개그맨들의 부모와 당사자를 출연시켜 성공하기까지의 뒷이야기를 들려주기도 한다. 한번은 개그맨 장동민 씨가 부모와 함께 출연한 TV 프로그램을 본 적이 있다. 장동민 씨는 자기가 어렸을 때 부모님이 고향을 등지고 서울로 상경하셨는데, 노동과 가난으로 고생하시는 아버지가 어린 아들에게 항상 "내 소원은 우리 아들을 데리고 고향에 갔을 때 도지사께서 나와 환영해주는 것."이라고 말씀하시곤 했다고 한다. 장동민 씨는 아버지의 그 말씀을 가슴에 새기고 아버지의 꿈을 이루어드리기 위해 무명의 설움을 견딜 수 있었다고 한다.

연예계는 그 어느 곳보다 경쟁이 치열해서 하루아침에 갑자기 스타가 되는 사람은 드물다. 겉으로 드러나지는 않아도 알고보면 대부분 무명 시절의 설움을 이겨내고 난 후에야 스타가 된다. 장동민 씨 역시 마찬가지였지만, 그는 아버지가 제시한 비전 때문에 무명의 어려움을 쉽게 극복했다고 한다.

부모라면 누구나 자식에게 거는 기대가 많아 '이 다음에 이러이러한 사람이 되라.' 는 주문을 한다. 그러나 부모의 기대대로 자라는 자식은 드물다. 이유는 부모가 자식에게 일관성 있는 비전을 제시하지 못하고 그때그때 생각나는 대로 말하기 때문이다. 장동민 씨 아버지의 비전 제시가 통한 것은 아들에게 일관된 비전을 제시했기 때문이라고 생각한다.

나는 우리 아이들이 어렸을 때 유럽 배낭 여행을 다녀와 그 체험을 책으로 펴냈는데, 그 책 제목이 '너희들의 무대는 이곳이란다' 였다. 책 표지로 노틀담 사원 앞에서 아이들 아빠가 나와 두 아들을 찍어준 사진을 사용했다. 그 때문에 미국에서 대학을 마치고 대학원 진학을 위해 파리로 간 작은아들은 나에게 그 책 표지를 가리키며 "엄마가 우리들의 무대가 노틀담 사원 앞이라고 해서 파리로 가는 거예요."라고 농담을 했다.

내가 우리 아이들에게 제시한 비전은 "너희들은 국제 무대에서 일할 수 있는 시대에 태어난 사람들이다. 그러니 국제 무대의 주역이 되어보아라."였다. 순 한국 토종인 아이들 아빠는 그런 나의 생각에 전적으로 동의하지는 않았지만, 굳이 엉뚱한 이야기를 해서 내가 아이들에게 제시한 비전을 혼란시키지는 않았다. 그래서 우리 아이들은 내가 제시한 비전을 인생 목표로 삼아왔다.

많은 전문가들이 영 · 유아기의 어린 아기들도 부모가 하는 말은 다 알아듣는다고 말한다. 이미 오래전에 발표된, 산부인과의 신생아실 입구에 놓인 아이가 안쪽에 놓인 아이보다 지능 발달이 빠르다는 연구 결과가 그것을 증명한다. 문을 여닫고 사람 지나다니는 소리를 많이 들은 아이는 그 소리의 자극 때문에 지능이 더 빨리 발달한다는 뜻이다. 이러한 연구를 한 전문가들은, 사람은 그 시기에 반복적으로 들은 말은 머리에 깊이 입력된다는 주장도 한다.

따라서 자식이 공부를 잘하거나 이 다음에 자기 분야에서 두각을 나타내기를 원하면, 영 · 유아기 때부터 하나의 비전을 깊이 인식시켜두는 것이 좋다. 그러면 아이들은 그 비전을 좇아 열심히 자기 일을 찾아낼 것이다.

10

시간 여유를 주어라

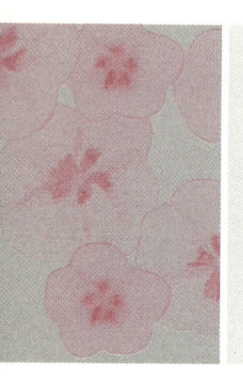

우리나라 부모들의 문제는 자식을 기를 때도 남이 하면 나도 한다는 태도를 버리지 않는 데 있다. 아이의 특성을 찾아 그 특성대로 키우면 훨씬 잘 기르면서도 시간과 에너지를 낭비하지 않아도 되는데 아이의 특성을 찾기 전에 남이 산수 과외 시키면 나도 우리 아이만 뒤지면 안 된다며 더 좋은 과외 선생님을 찾는 태도를 가져 점차 아이를 시장에서 일률적으로 만들어 파는 기성복처럼 만드는 것이다.

부모가 자식의 특성을 제대로 파악하지 못하는 이유는 아이들에게 시간 여유를 주지 않아 아이가 자기의 특성을 드러낼 겨를이 없기 때문이기도 하다. 요즘 우리나라 부모들은 "남들이 다 그렇게 하기 때문에 불안해서……."라며 수영, 피아노, 태권도, 발레, 속셈, 영어 등 다른 아이들이 배우는 것은 모두 배우라고 아이들의 등을 떼민다. 그 때문에 아이들은 이미 유치원 때부터 시간 여유 없이 쫓기며 살고 있다.

그러나 역사적으로 위대한 인물이 된 사람들은 시간 여유를 가졌기 때문에 위대한 일을 할 수 있었다. 뉴턴은 어려서부터 과수원을 거닐며 사과 떨어지는 것을 볼 수 있는 여유가 있었기 때문에 '만유인력의 법칙'을 발견할 수 있었다. 빌 게이츠는 자기가 좋아하는 일을 하기 위해 하버드 대학을 중퇴해도 묵묵히 지켜만 보는 부모가 있었기 때문에 여러 가지 컴퓨터 소프트웨어를 개발해 세계적인 거부가 될 수 있었다.

아무리 초연한 척해도 나도 한국 엄마이기 때문에 아이들이 초등학교 고학년이 되면서 산수 성적이 떨어지는 것이 불안해서 억지로 주산 학원에 보낸 적이 있다. 우리 아이들이 초등학교 다닐 때는 산수를 잘하려면 주산을 배워야 한다는 붐이 일던 때이기도 했다. 그러나 영어 학원 외에 일체 학원에 다니지 않고 집에서 형제끼리 놀며 시간을 보낸 우리 아이들은 주산 학원 가는 것을 노골적으로 거부했다. 그러나 나는 주변의 "지금 주산을 안 가르치면 나중에 수학을 못 쫓아갈 거예요. 애들이 뭘 알겠어요. 어머니가 잘 구슬려서 보내야 나중에 후회하지 않지요."라는 말을 무시하지 못해 두 아이에게 주산 학원에 가라고 윽박질렀다.

그러나 우리 아이들은 주산 학원에 다닌 지 일주일 만에, 주산을 너무 못해서 교사로부터 "이 애들, 저능아 아냐?"라는 말을 들었다며 화를 냈다. 나도 그 교사의 말은 참을 수 없어 당장 학원을 그만두게 했다. 지금 생각해보니 우리 아이들은 주산 학원을 딱 일주일밖에 안 다녔지만 나중에 수학을 공부하는 데 전혀 지장을 받지 않아 둘 다 대학에서는 이과를 전공했다. 참고로 미국에서는 건축학과와 경영학과가 모두 이과다.

나는 주산 학원 사건을 통해, 아이들에게 억지로 많은 것을 가르치려고 하루하루 쫓기며 살게 하는 것보다, 시간 여유를 주어 자기가 잘하는 공부에 몰두하도록 하는 것이 더 낫다는 사실을 깨달았다. 그래서 주산 학원 사건 이후에는 원하지 않는 공부를 하라고 윽박지르지 않았다. 세기의 천재로 알려진 아인슈타인도 대학 교수로 취직을 못해 특허청에 취직하는 바람에 논문 쓰는 일에 쫓기지 않고 시간 여유를 갖게 돼 '상대성 이론'을 발견하게 되었다는 고백을 했다.

사람의 뇌는 휴식 시간에 소가 되새김질을 해 음식을 소화하듯 입력한 지식을 소화한다. 그 전날 잘 풀리지 않던 수학 문제가 그 다음날에는 풀리는 것도 그 때문이다. 따라서 여유 시간을 주지 않으면 공부한 내용이 소화될 시간이 없이 계속 새로운 내용이 입력돼 뇌 안에서 소화되지 못하고 배설되어버리는 부작용이 나타난다. 따라서 당신이 정말로 당신 자녀가 스스로 공부하게 하려면 아이들의 시간 여유부터 되찾아주어야 할 것이다.

세상은 좁고,
할 일도 없다!

11

역할 모델을 만들어주어라

어릴 때는 감수성이 예민해 텔레비전이나 책 속의 인물에 반하면 곧바로 그 사람이 닮고 싶어진다. 내 친구 한 명은 어렸을 적에 나이팅게일 전기에 감동받더니 간호사가 되어 지금까지도 병원에서 일하고 있다. 또 한 친구는 페스탈로치 전기 때문에 교사가 되었고, 어찌나 열심히 일을 했던지 아주 일찍 교장이 되었다.

별다른 오락거리가 없던 어린 시절, 몸이 약한 우리 친정어머니는 라디오 드라마 듣기를 좋아하셨다. 그래서 나는 어머니와 함께 라디오 드라마를 즐겨 듣다가 방송국의 존재를 알게 되었고, 나중에는 혼자서 밤 음악 프로그램을 즐겨 듣다가 임국희 씨 등 유명 여자 아나운서에 끌려 그들처럼 되고 싶었다. 그 결과 어렵다는 방송국 입사 시험 준비도 불평 없이 했고, 결국 방송국에 취직해서 오랫동안 아나운서로 일하게 된 것 같다. 내 경우를 보더라도 어린 시절에는 누군가를 닮고 싶다는 마음만 생기면, 그를 닮기 위해 누가 시키지 않아도 스스로 열심히 노력한다.

그러므로 자식에게 무작정 공부하라고 닦달만 하는 것보다, 부모가 슬쩍 닮고 싶은 인물, 즉 역할 모델을 만들어주면 공부하라고 말하는 것보다 더 큰 효과를 낼 수 있을 것이다. 어릴 때는 작은 일에도 크게 감동받기 때문에, 부모가 자식이 닮기 원하는 인물을 정한 후 표 나지 않게 자주 접하게 해준다면 역할 모델 만들어주기가 쉬울 것이다. 그 인물은 이웃 사람이어도 좋고, 텔레비전이나 책으로 접할 수 있는 사람이어도 좋다. 만약 가업을 잇게 하고 싶으면 부모 스스로 역할 모델이 되어도 된다.

부모가 역할 모델이 되려면 부모가 굳이 "아버지처럼 되어라."라고 말하지 않아도 부모 자신이 자식에게 존경을 받으면, 자식은 알아서 부모를 역할 모델로 삼아 가업을 이을 것이다.

많은 부모들이 자식에게 가업을 물려주는 일에 성공하지 못하는 것은, 부모 자신이 자식 앞에서 직업에 대한 불만만 털어놓았거나, 직업에 불성실한 모습을 보여주었거나, 또는 비도덕적이거나 남들에게 비난받을 정도로 부도덕한 방법으로 사업을 했기 때문이다. 어린 아이일수록 마음이 깨끗하기 때문에, 부모가 자식들 앞에서 실망스러운 행동을 하면서 자식에게 "너도 아버지처럼 공부 잘해서 의대 가야 한다." "법대 가야 한다." "장사해야 한다."고 강요한다면 부모를 더 비

?
당신을 좇아
달렸을 뿐이에요 ~

판적으로 바라본다. 그러므로 부모 자신이 자식의 역할 모델이 되려면, 자신이 종사하는 직업에 만족하며 최선을 다하는 모습을 보여 아이 스스로 부모를 역할 모델로 선택하도록 하는 것이 현명하다.

어린아이들에게 역할 모델이 정해져 있는 것과 그렇지 못한 것의 차이는, 이미 성공한 회사를 벤치마킹한 후 새로운 사업을 시작하는 회사와 무턱대고 회사 문을 연 회사의 차이만큼이나 큰 결과의 차이를 가져올 수 있다.

벤치마킹이란 새로 회사를 세우려는 사람이 비슷한 사업으로 이미 성공한 회사를 골라 그들의 성공 노하우를 알아보고, 그 방법대로 운영하는 것을 말한다. 역할 모델도 마찬가지여서 확실하게 닮고 싶은 사람이 정해지면 그 사람처럼 되어야 한다는 확실한 목표가 생기기 때문에 어떤 식으로 공부하는 것이 좋은지 방향을 정하기가 쉬워 효율적으로 공부할 수 있다.

따라서 부모인 당신이 아이가 알아서 공부를 열심히 하게 만들려면, 지금부터 좋은 역할 모델을 만들어주어라.

12

철부지 부모가 **되어라**

나는 운전을 시작한 지 몇 십 년이 지난 지금도 여전히 주차에 서툴다. 그래서 주차 공간이 좁은 곳에 주차할 때 주차 관리인이 달려와 "제가 대신 주차해드릴까요?"라고 말할 때가 많다. 그뿐만 아니라 방향치여서 목적지와 전혀 다른 곳으로 차를 끌고가 헤맬 때도 많다. 그래서 우리 아이들은 내가 차를 몰고 나가면 몹시 불안해한다.

미국에 있을 때 나와 같은 학교에 공부하러 온 한국인 여의사를 내 차에 태우고 쇼핑을 간 적이 있다. 우리가 쇼핑하러 간 곳은 우리가 살던 랜싱에서 자동차로 한 시간가량 가야 하는 디트로이트 인근이었다. 그녀에게는 초등학교 3학년에 재학 중인 딸이 있어서 오후 3시면 학교에 가서 데리고 와야 했기 때문에, 우리는 오전 일찍 쇼핑을 떠났고 오후 1시가 되기 전에 마쳤다. 그런데 운전하던 내가 그만 길을 잘못 들어 완전히 반대 방향으로 한 시간가량 가고 말았다. 운전 중에는 바깥 풍경이 낯선 것도 모르고 직진하다가 캐나다로 넘어가는 큰 다리 위에 '웰컴 투 캐나다' 표지가 나온 후에야 그 사실을 깨달았다. 그때는 이미 오후 2시가 넘었고, 되돌아서 랜싱까지 가려면 2시간 정도 더 달려야 했다. 그래서 나는 우리 큰아이 학교로 전화를 해 아직 수업이 끝나지 않은 큰아이에게 학교 끝나고 돌아오는 길에 그 집 딸을 우리집으로 데려다 놓으라고 하는 등의 소란을 떨어야 했다.

그 사건 후 우리 아이들은 내가 장거리 운전을 할 때마다 미리 지도를 들고 와 돌아오는 길을 자세히 알려주었고, 휴대전화로 비상연락을 할 수 있는 방법까지 일러주었다.

그리고 우리 아이들은 엄마가 혼자 차를 몰고 멀리 가면 불안하다고 말하곤 했다. 마치 내가 아이들의 보호를 받는 것 같아 기분이 썩 편하지 않았다. 그러나 지금 와서 생각해보니, 내가 만약 모든 일을 잘 처리해냈다면 우리 아이들이 엄마의 지나친 보호 때문에 미국에서 적응할 능력을 기르지 못했을 것 같다.

사람들은 내가 아이들을 잘 키웠다며 아이들이 해야 할 모든 일을 다 알아서 해결해준 줄 알지만 사정을 알고보면 그 반대다. 아이들이 국내에서 학교 다닐 때도 우리 아이들은 "우리 엄마는 학교 일이 어떻게 돌아가는지를 일일이 가르쳐주어야 안다"고 말할 정도였다.

그 당시 우리 아이들과 비슷한 나이의 아들 둘을 둔 내 친구는 나와 정반대여서 나는 매번 주눅이 들곤 했다. 그 친구는 아이들이 유치원에 다닐 때부터 학교의 공식 행사가 언제 어떻게 벌어지는지를 아이보다 훨씬 먼저 알았고, 초등학교 입학 후에는 언제 시험을 보는지, 언제 반장 선거를 하는지 등을 미리 알아내 아이들에게 준비시켰다. 그래서 그 친구 아들은 초등학교 때부터 고등학교 졸업 때까지 반장과 학생회장을 도맡아 했고, 조금만 성적이 떨어지면 잘 가르친다고 소문이 난 선생을 골라 과외를 받게 해 학교 성적도 항상 상위권을 유지했다.

그런데 모든 사람들의 예상을 뒤엎고 그 친구의 맏아들은 대학을 두 번이나 떨어졌다. 그리고 점차 수준을 낮춰 그 아이가 갈 거라고 생각해본 적이 없는 낮은 수준의 학교에 입학했다. 그 친구는 자존심이 상했는지 친구들과의 연락을 끊었고, 나에게도 괜히 심술을 부려 한동안 소원해졌다. 그러나 나는 그 친구가 워낙 자식들 뒷바라지를 열심히 해왔기 때문에 그 친구의 마음을 이해할 수 있었다.

미국에 가서 커뮤니케이션을 공부하는 동안, 왜 아이들이 내 친구 같은 완벽한 부모보다 나 같은 철부지 부모 밑에서 더 공부를 잘할 수 있는지를 알게 되었다. 약간 이론적인 설명을 하자면, 사람은 어떤 조직 내에서 자기 역할이 분명하지 않으면 일할 의욕이 사라진다. 그 때문에 완벽한 아내를 둔 남편은 집안에 자기 역할이 없는 것 같아 바람을 피우고, 똑똑하고 완벽한 남편은 아내에게 적당한 역할을 주지 않고 자기가 다 알아서 해결해 아내를 점차 모자라는 사람으로 만드는 것이다. 마찬가지로 부모가 너무 완벽하면 자식들이 자기 역할이 스스로 알아서 공부하는 것이라는 사실을 깨닫지 못해 공부하기 싫어지는

제가 열심히 살아야 하지
않겠어요—
오늘 저녁
찬거리
부탁혀-

것이다.

그러한 이론을 접한 후부터 나는 미국 살 때 이사할 때마다 아이들에게 전기, 전화, 케이블 TV 회사에 전화해서 이전 등록을 하도록 했다. 자동차를 바꿀 때도 등록사무소에 같이 가서 아이들에게 등록하도록 했고, 식탁이나 텔레비전 같은 고가의 물건을 살 때도 아이들에게 물건 값을 깎도록 시켰다. 우리 아이들은 자기 역할이 분명해지자 내가 미국에 아이들만 두고 귀국한 후에도 갖가지 민원 문제를 알아서 처리해 큰 어려움 없이 잘 지낸 것은 물론 공부도 잘했다.

그후부터 나는 아이들의 공부 때문에 고민하는 부모를 만나면 "철부지 부모가 되어보세요. 아이들이 일찍 철들 거예요." 라고 말하는 것을 잊지 않는다.

13

부모가 열심히 독서하는 모습을 **보여주어라**

'자식은 부모의 거울이다.' 는 말이 있다. 직장 새내기들이 선배 밑에서 업무 능력을 익히는 것을 볼 '견', 익힐 '습' 을 사용해서 '견습(見習)' 이라고 말하는 것처럼, 아이들도 태어나는 순간부터 부모의 어깨너머로 인생살이를 배운다.

내가 서강대 언론대학원에서 중소기업 사장들을 대상으로 커뮤니케이션 최고위과정 프로그램을 진행할 때, 한 수강생은 초등학교 중퇴의 학력에도 부지런히 독서를 해 박사학위 소지자보다 방대한 지식을 갖추고 있었다. 그는 사업에 성공하고 자식 농사에도 성공했다고 자부했다. 아들 하나 딸 하나를 과외 공부를 전혀 시키지 않고 남들이 부러워하는 소위 SKY 대학에 입학시켰다. 이처럼 부모의 행동과 사고

방식은 아이들에게 삶의 지침이 된다.

그러나 부모가 아무리 자식에게 열심히 좋은 책을 사다주어도 정작 부모가 일 년 내내 책 한 권 읽지 않는다면, 아이는 책이란 그저 장식물에 불과하다고 생각할 수밖에 없다.

우리 작은아이는 《공부기술》 책을 낸 후 공부에 관한 고민을 상담하는 웹사이트를 운영한 적이 있다. 그때 어떤 학생이 올린 "저희 어머니는 저에게 항상 공부하라고 말씀하시지만 이 책은 우리들보다 부모님이 읽으셔야 할 것 같아서, 어머니에게 한번 읽어보시라고 어머니 경대 위에 올려놓았는데 일주일이 넘도록 먼지만 뽀얗게 쌓인 채 그대로 놓여 있었습니다. 그래서 저는 어머니의 공부하라는 말이 더욱 듣기 싫습니다."라는 사연을 본 적이 있다. 그런가 하면 "우리 어머니는 자신은 텔레비전 드라마를 크게 틀어놓고 열심히 보면서 우리들 방을 향해 '공부 안 하고 뭐해?' 라고 소리를 지르며 들볶습니다. 그럴 때면 텔레비전 드라마 내용이 궁금해서 책을 펴놓고 책상 앞에 앉아 있어도 책 내용이 전혀 눈에 들어오지 않습니다."라는 사연도 있었다.

자식이 알아서 공부하지 않는다고 성화를 부리기 전에, 부모인 당신이 자식들이 보고 배울 만한 행동을 했는지부터 점검해보아야 할 것이다. 나도 독서 습관은 친정아버지 어깨 너머로 배웠다. 그래서 같은 아버지에게서 자란 우리 형제들은 모두 쉬는 동안에 책을 보지 않으면 불안해한다. 우리 친정아버지는 또한 우리들이 잘못해서 책을 찢거나 땅바닥으로 떨어뜨리거나 함부로 방치하면 "책은 곧 아버지다. 너희들이 책을 함부로 하는 것은 아버지인 나를 박대하는 것과 같다."고

엄마, 어디 가세요?
도서관~
졸졸졸졸...

엄격하게 가르치셨다. 그래서 책을 읽다가 중간에 책장을 함부로 접지 못해 반드시 책갈피로 표시해두거나, 적어도 쓰던 볼펜이라도 끼워놓아야 마음이 놓인다. 부모의 어깨 너머로 독서 습관을 배운 우리 형제들은, 따로 공부하라는 말을 듣지 않아도 당연히 공부는 알아서 해야 한다고 여기게 됐다.

나는 책을 손에 쥐고 살되 책을 소중히 여기는 습관을 우리 아이들에게 전수했다. 그 결과 우리 아이들 역시 책을 열심히 읽었고, 특별히 공부하라고 말하지 않아도 알아서 공부했다. 만약 아이가 공부를 열심히 안 해서 속이 상한다면 부모가 먼저 열심히 책을 보는 모습부터 보여주자.

14

자식의 실험 정신을 **억제하지** 말라

역사적으로 볼 때 위대한 인물은 대체로 기존 질서에 순응하지 못한다. 그래서 가족들에게 남다른 고통을 주는 경우가 많다. 창의적이고 머리가 좋은 사람일수록 세상을 일반인들과 전혀 다른 관점에서 바라보기 때문이다. 그런데 보통 부모는 자기 자식이 무난하게 자라기를 원하기 때문에, 기존 질서를 무시하는 자식은 말썽꾸러기로 몰아붙여 자식의 기를 꺾어버린다. 하지만 역사적으로 위대한 인물을 자식으로 둔 부모는 남다른 행동을 하는 자식의 기를 꺾지 않고 격려하며 키운 사람들이다.

발명왕 에디슨의 어머니가 대표적인 인물이다. 만약 에디슨의 어머니가 초등학교 입학 3개월 만에 퇴학당한 아들의 별난 행동을 이해하지 못하고 보통 아들로 키우려고 자식의 기를 꺾었다면, 에디슨은 평생을 고통스럽게 살다가 이름없는 존재로 사라졌을지도 모른다. 그러나 그녀는 아들 에디슨이 사람을 날게 만드는 약을 발명했다며 친구에게 자기가 만든 이상한 약을 먹여 소란을 피워도 아들을 비난하지 않고 옹호했다. 에디슨은 12세 때부터 가난한 살림살이를 돕겠다며 기차 안에서 신문과 과자를 팔았다. 그런데 몰래 화물차 안에 실험실을 만들어놓고 틈나는 대로 실험에 몰두하다가 기차 안에서 화재를 일으키고 말았다. 여객 차장이 에디슨의 뺨을 너무 세게 때려 청각 장애자가 되었지만, 그의 어머니는 그런 아들의 실험 정신도 높이 사 격려해주었다. 그 결과 그는 전기를 비롯한 1,000여 가지가 넘는 공산품을 발명해 발명왕이 되었다.

컴퓨터 소프트웨어의 황제로 불리는 빌 게이츠 역시 비교적 부유한 부모 밑에서 태어나 하버드 대학에 입학했지만, 고등학교 때부터 공부 대신 친구들과 회사를 차려 사업을 한다며 설치고 다니다가 어렵게 입학한 대학을 중퇴했다. 웬만한 부모라면 세계 최고라는 대학을 그만두고 친구들과 차고를 빌려 소꿉놀이하듯 회사를 운영하겠다고 하면 "미쳤냐?"며 극구 말렸을 것이다. 그러나 그의 어머니는 그런 아들을 말리기는커녕 아들이 대학을 중퇴하고 소프트웨어를 개발하자, 평소 친분이 있는 IBM 사의 임원에게 소프트웨어 납품까지 시켜줄 정도로 아들의 실험 정신을 적극 후원했다. 어머니의 격려에 힘입은 그의 독창적인 행동은 사업을 키우는 데도 큰 도움이 되었다.

빌 게이츠는 자기가 개발한 소프트웨어를 IBM에 납품함으로써 회사의 규모를 키워 뉴욕의 거물 비즈니스맨들의 모임에 참석할 자격을 얻었다. 그 당시 뉴욕의 비즈니스맨들의 모임에는 반드시 단정한 양복 차림으로 참석해야 했지만, 그는 넥타이 없이 셔츠와 재킷을 입고 청바지와 운동화 차림으로 참석했다. 언론에서는 그의 자유로운 복장을 컴퓨터 소프트웨어처럼 사람들에게 자유를 느끼게 해준다고 호의적으로 보도해 그는 일약 뉴욕의 주목받는 비즈니스맨으로 떠올랐고, 지금은 전 세계 컴퓨터 인구가 그의 제품을 사용하고 있다. 만약 그의 어머니가 아들에게 학교 공부는 안 하고 친구들과 어울려 엉뚱한 짓이나 한다며 아들의 실험 정신을 무너뜨렸다면 그의 인생은 크게 달라졌을 것이다.

그런 면에서 우리나라 부모들은 서양 부모들에 비해 자식의 실험 정신에 훨씬 더 관대하지 못한 것 같다. 내가 어렸을 때 우리 동네에 마당에 깊은 우물이 있는 집이 있었다. 그 집 아들은 아장아장 걸을 때부터 집에 있는 귀중한 물건만 보면 우물에 빠뜨렸다. 그 아이는 유난히 청각이 발달해 "풍덩, 하는 소리가 좋다."며 물건만 눈에 띄면 우물에 빠뜨린 것이다. 그의 부모는 자식의 그런 행동이 못마땅해 우물을 막아버렸다. 그러자 그 아이는 부모가 싫어하는 일만 골라 했다. 초등학교 입학 후에는 학교에 가면 숨이 막힌다며 학교 간다고 집을 나가 혼자 돌아다니다 귀가하곤 했다. 그 집 부모는 아들의 뛰어난 청각을 무시하고 학교에 적응시키는 데만 신경을 썼다. 그런데도 적응을 잘 못하자 아들의 실험 정신을 깎아내고 평범한 아이로 만들어보려고 갖은 노력을 다했다며, 아들이 순종하지 않자 마침내 정신병원에 가두어버렸다.

좀 극단적인 사례이기는 하지만 실제로 우리 주변에서는 자식의 뛰어난 실험 정신을 이해하지 못해 자식을 망친 부모를 쉽게 볼 수 있다. 실험 정신이 강한 아이들일수록 부모가 말리면 부모가 싫어하는 일에 집착하며 비뚤어질 가능성이 더욱 높다.

따라서 자식이 남다른 행동으로 부모를 괴롭힌다면, 귀찮아도 아이가 하는 일을 막지 말고 후원해주어야 잘 키울 수 있다. 에디슨의 어머니나 빌 게이츠의 어머니가 그랬듯, 자식의 실험 정신을 높이 사줄수록 큰 인물로 키울 수 있기 때문이다.

15

질문할 때마다 백과사전을 **찾게 하라**

아이들 눈에는 모든 것이 신기해 말을 배우기 시작하면 보는 것마다 "저게 뭐예요?"라고 물어 부모를 지치게 만든다. 우리 작은아이는 어려서부터 유난히 질문이 많았다. 작은아이가 어찌나 질문이 많았던지, 큰아이는 굳이 질문하지 않아도 궁금한 것이 없을 정도였다.

나는 결혼한 후 한동안 일찍 상처한 친정아버지를 모시고 살았는데, 우리 아버지는 작은아이가 퇴근한 엄마를 졸졸 쫓아다니며 질문을 퍼부으면 "이놈아, 니네 엄마가 만물박사인 줄 알아? 엄마 귀찮게 하지 말고 나한테 물어라."라고 말씀하시곤 했다.

엄마인 내 입장에서는 아이의 질문에 일일이 답하기가 피곤하다고 해서 "엄마 지금 피곤해. 나중에 말해줄게."라고 말할 수 없었다. 나는 그때 라디오 방송에서 아이들의 문제를 전화로 상담하는 프로그램을 제작 방송했는데, 나와 방송을 하던 아동심리학 교수님께서 아이들은 보는 즉시 문제를 해결하지 못하면 문제를 해결하려는 의지를 잃어버릴 뿐만 아니라, 조금만 시간이 지나도 호기심이 사라져버리기 때문에 절대 질문을 회피하면 안 된다고 주장하셨기 때문이다.

친정아버지는 직장 생활을 하는 내가 아이의 왕성한 호기심을 채워주려고 애쓰는 것이 안돼 보였는지 작은아이가 글을 깨치기 시작하자 대형 원색 백과사전을 선물하셨다. 백과사전을 사 들고 오신 친정아버지는 "이제부터는 궁금한 것이 있으면 피곤한 에미 귀찮게 하지 말고 이 책에서 찾아봐라."라고 말씀하시며 아이들에게 사전 찾는 법을 가르쳐주셨다.

그후부터 작은아이는 길을 걷다가 못 보던 나비를 보면 "저 나비는 왜 달라요?"라고 묻는 대신 백과사전에서 '나비'를 찾아보았다. 처음에는 사전 찾기가 번거로운지 외할아버지를 쫓아다니며 "새는 왜 울어요?" "눈은 왜 와요?" 하며 질문을 퍼부어댔다. 외할아버지는 그럴 때마다 "이놈아 사전을 찾아보고 사전에 없으면 물어봐야지."라고 대답하셔서 아이가 직접 사전을 찾도록 유도하셨다.

우리 아이들은 이때의 습관으로 지금도 모르는 것이 있으면 백과사전을 찾는다. 아이들은 사전 찾는 데 익숙해지자 나에게 직접 질문하는 대신 백과사전을 이용했지만, 모든 궁금증을 백과사전이 다 해결해줄 수 있는 것은 아니어서 질문이 아예 사라진 것은 아니었다. 그런데 그 질문이 기발할 때가 많아 어른들을 깜짝깜짝 놀라게 하기도 했다.

멀리 보이고
많이 보인다-!
가-나
A-Z
백과사전
Encyclo-pedia
?

하루는 대전에 사시는 이모부의 어머님 회갑 잔치에 참석했다가 이모와 이모부가 역까지 마중해주시는 차 안에서 갑자기 "비행기가 떨어지면 추락한다고 말하는데 폭포가 떨어지는 것도 추락인가요?"라고 물어 대학 교수인 이모 내외까지 놀라게 했던 적이 있다. 그러나 외할아버지가 사주신 백과사전 덕분에 이처럼 추상적인 질문 이외의 궁금증은 사전을 찾아 해결함으로써 점차 내 일거리가 줄었다. 유치원 들어가기 전에는 원색 백과사전을 사용했고, 초등학교 고학년 때는 대학생들이 사용하던 브리태니커 사전을 사용했다. 28권으로 된 두꺼운 사전은 미국 갈 때도 가지고 갔을 정도로 애용했으며, 심심하면 그냥 죽 읽어가며 시간을 보내기도 했다.

우리 아이들은 백과사전을 가까이 해 다양한 지식을 쌓아 아는 것이 많다. 그래서 사람들에게 "애들이 어떻게 그렇게 다방면에 걸쳐 아는 게 많아요?"라는 질문을 많이 받는다. 어릴수록 기억에 저장할 수 있는 기간이 길어, 백과사전을 사용할 줄 알면 여러 정보들이 머릿속에 차곡차곡 쌓여 공부의 기초가 탄탄해지게 된다.

16

국어사전을 옆에 두고 **살게 하라**

국어는 '국어' 니까 모국어는 굳이 공부를 하지 않아도 저절로 잘할 거라고 믿는 부모들이 많다. 그 때문에 영어사전은 많아도 국어사전은 없는 가정이 많다. 최근에는 직장 신입 직원들이 영어보다 국어를 더 못하는 것으로 나타나 충격을 주기도 했다. 국어는 모국어이기 이전에 하나의 언어이기 때문에 제대로 배우려면 사전을 끼고 살아야 하는데 그렇게 하지 않았기 때문이다.

언어의 기본 기능은 자기의 생각을 상대편이 알아듣기 쉽게 전달하는 것이다. 그렇기 때문에 모국어를 못하는 사람은 외국어도 잘하지 못한다. 우리나라 사람들이 영어 공부에 엄청난 돈을 쏟아붓고도 다른 나라 사람들보다 영어를 못하는 이유는 국어를 등한시했기 때문이라고 생각한다. 나는 그동안 수많은 사람들을 대상으로 커뮤니케이션 교육을 해왔는데, 말하기를 제대로 배우지 않아 고학력의 고위직 사람들도 말을 제대로 하지 못하는 경우가 아주 많았다.

공부를 많이 한 사람 중에도 살짝살짝 틀린 단어를 사용하거나 어법에 맞지 않는 말을 사용하는 사람들이 많았다. 그들이 자기 분야에서 얼마나 내공을 잘 쌓았는지 몰라도, 그들의 틀린 단어와 올바르지 못한 어법 사용은 한순간에 전문성마저 의심하게 만들었다.

요즘에는 예전처럼 서류 작성으로 자기 의견을 제시하는 대신 말로 설명해야 하는 경우가 많아, 우리말을 바르게 사용하는 것이 대단히 중요해졌다. 그래서 우리나라에서도 대학 입시에 점차 면접 비중을 높이고 있는 것이다.

나는 우리말을 전문적으로 다루는 아나운서로 일한 덕분에 우리 아이들이 어렸을 때부터 대형 우리말 사전을 아이들 방에 비치해 두었다. 그리고 아이들이 책을 보거나 텔레비전을 보다가 모르는 단어의 의미를 물으면 사전을 찾아서 정확한 의미를 알고 넘어가도록 했다. 그랬더니 책을 읽으면서 모르는 단어가 나오면 국어사전을 찾아 정확한 의미를 찾아내는 습관이 길러졌다. 그 결과 독서량에 따라 어휘력이 차곡차곡 늘어갔다. 그렇게 쌓인 어휘력은 의미를 정확하게 찾아보지 않고 대충 알고 넘어가는 것과는 하늘과 땅만큼이나 차이가 났다. 우리말 어휘력이 늘자 영어 공부는 식은 죽 먹기가 됐다.

우리 아이들은 중학교 때 미국에 가서 고등학교로 진학했지만 미국 본토 아이들 중에서도 공부 잘하는 아이들만 들어가는 에이피 클래스(AP-Advanced placement, 대학 과정과 수준이 같은 어려운 수업 코스)에서도 우수한 성적을 거두었다. 작은아이는 대학 입학 수학능력 시험에서 미국 학생들도 어려워하는 SAT2 영어에서 만점을 받기도 했다.

나는 지금도 우리 아이들이 영어를 쉽게 익힌 것은, 말을 배울 때부터 우리말의 어휘를 정확하게 이해했기 때문이라고 생각한다. 그래서 나는 지금도 책을 쓰다가 단어 의미가 조금 불명확해 보이면 반드시 사전을 찾아본다. 우리 아이들도 그 영향을 받아서 오랜만에 국내에 나와 말이 막히면 사전을 찾아본다. 그랬더니 사람들이 "미국 가서 10년 넘게 살고도 어떻게 그렇게 한국 말을 잘해요?"라고 말할 정도로 우리말 구사에 손색이 없다. 우리 작은아이가 엄밀히 말해서 국내 학력은 중학교 1년 수료 수준이지만 우리말로 베스트셀러 책을 낼 수 있었던 것은 어려서부터 국어사전을 끼고 산 덕분이라고 생각한다.

아이가 어릴 때 국어사전을 사주고, 모르는 단어는 반드시 찾아보는 습관을 들여주면 국어뿐만 아니라 영어도 잘하게 될 것이다.

17

책은 모셔두지 말고 장난감처럼 가지고 놀게 하라

나는 가장 활동이 왕성한 영 · 유아를 키우는 가정을 방문했을 때 집 안이 깔끔하게 정리되어 있으면 마음이 불편하다. 눈에 보이는 대로 깨물고 뒤집고 해체하며 새로운 물건의 정체를 파악하고 싶어하는 아기들의 본능을 억압하는 답답함이 나에게까지 전이되기 때문이다. 나는 어린 아기들이 그런 환경에서 자라면 아기들의 기억 속에는 '책이란 그저 벽을 장식하는 물건'으로만 입력될 것이라고 믿는다.

그런데 이러한 사실을 잘 몰라 아기가 책으로 방을 어지르는 걸 못 참고 방 안 정리에 열중하는 부모일수록 아이가 자란 후 "우리 애는 아무리 좋은 책을 많이 사다주어도 잘 안 읽어요."라며 속상해한다.

아이들이 책과 친해지게 하려면 어릴 때부터 가급적 방 안 어디나 책이 굴러다니게 하는 것이 좋다. 책을 던지며 놀거나 발로 차더라도 치워버리지 말고 부모가 틈나는 대로 방 안에 널려 있는 책들을 읽으면서 은연중에 책의 용도를 알게 해주는 것이 좋다.

나는 첫아이를 임신한 후부터 청계천 헌책방을 뒤져 아기에게 필요한 책들을 사모았다. 나는 아기가 기어다니기 시작하자 이때 사모은 책들을 방마다 뿌려놓았다. 큰아이는 책으로 성을 쌓기도 하고 던지며 놀기도 했다. 그러다 내가 자주 방바닥에서 책을 집어 들고 읽는 모습을 보여주자 내 흉내를 내며 책 읽는 시늉을 냈다. 나중에는 아기 봐주는 아주머니 등에 업혀서도 책장을 넘기며 옹알이 소리를 냈다. 일 년 후에 연년생 동생이 생기자 동생에게 내가 하던 대로 웅얼거리며 책 읽어주는 흉내를 냈다. 그 결과 초등학생이 되자 내가 사모은 칸트의 《순수이성 비판》 같은 어려운 책들을 읽을 정도로 책을 좋아했다. 우리 아이들이 태어난 1980년대 초반만 해도 웬만한 집에는 40권이나 60권으로 된 철학 전집을 구입해 꽂아두는 게 유행이었다. 나는 읽을 시간이 없는데도 습관적으로 새로운 철학서가 전집으로 나오면 사모았는데, 나 대신 초등학교에 다니는 우리 아이들이 그 책들을 읽었다.

나는 아이들이 어렸을 때도 요약된 만화책은 읽히지 않았다. 많은 부모들이 어린아이들에게는 너무 어렵다며 쉬운 만화로 각색한 고전을 사주지만 나는 그렇게 생각하지 않는다. 아이들도 얼마든지 어려운 책을 소화할 수 있으며, 아예 처음부터 어려운 책에 맛이 들리면 어려운 책은 물론 쉬운 책도 읽을 수 있지만 처음부터 쉬운 책에 길이

들면 나중에 어려운 책을 잘 안 보려고 할 거라고 믿었던 것이다. 우리나라 학생들이 입시를 핑계로 어려운 책을 잘 보지 않는 것도 어머니들이 어려서부터 너무 쉬운 책만 읽도록 한 결과라고 생각한다.

영국, 독일, 프랑스 같은 유럽 선진국의 교육열이 높은 어머니들은 아기가 태어나면 아기 방에는 만화나 요약된 책 대신 어려운 책으로 책장을 채운다. 그들은 어릴 때부터 읽기 어렵고 힘든 책에 적응하면 독서의 호흡이 길어지고, 긴 문장을 소화할 수 있는 능력이 길러진다고 믿는다는 것이다. 그들은 어릴 때 어려운 책보다 재미있고 쉬운 책에 길이 들면, 독서의 호흡이 짧아 깊이 있고 무게 있는 책을 두려워해 학년이 올라갈수록 독서를 기피할 가능성이 높아진다고 주장한다.

우리 아이들 미국 친구들을 보면 어려운 책 읽는 데 익숙해 책다운 책을 많이 읽는 아이들은 국가나 인종을 초월해서 공부를 아주 잘했다. 우리 아이들도 한국의 다른 학생들과 비교하면 독서량이 많은 편이었지만, 미국 친구들 중 유태인들에 비하면 어림도 없었다. 독서를 많이 한다고 인정받는 유태인 학생들의 독서량은 한국 학생들이 상상하기 힘들 정도다.

우리 아이들이 미국에서 중학교에 다닐 때, 숙제를 하기 위해 일주일 간 관련 서적 8권을 읽고 인용문을 24개씩 사용해 리포트를 써내곤 하는 것을 지켜보면서, 만약 우리 아이들이 국내에서도 책을 많이 읽지 않았다면 미국 학교 교육에 적응하기 힘들었을 것이라고 생각했다.

사실 우리나라의 많은 학부모들이 우리나라 교육제도가 마음에 들지 않는다며 아이들을 조기 유학시키려고 애쓴다. 미국 학교는 공부 못하는 아이들의 인권도 존중해야 한다는 취지로, 학과별 레벨을 정하고 학년에 관계없이 자기 수준에 맞는 과정을 공부할 수 있다. 고등학교 졸업반도 능력이 안 되면 덧셈 뺄셈만 공부해도 되는 것이다. 그런데 석차는 레벨을 무시하고 통틀어서 매긴다. 공부 못하는 아이들도 자기들이 얼마나 공부를 못하는지 알 수 없도록 격려한다는 취지에서 생긴 제도다. 다만 대학 입시에서는 대학이 학과의 레벨을 보기 때문에 공부 수준을 충분히 파악해 선별한다. 그리고 미국은 5천 달러만 있으면 누구나 신고를 하고 대학을 만들 수 있다. 그런 대학은 공부 못해도 얼마든지 입학할 수 있다. 그러나 취업 때는 이야기가 달라진다. 그 때문에 한국에서 공부 못하는 아이도 미국 가면 공부 잘한다고 착각하지만 학부모가 이러한 미국 학교 제도를 이해하지 못하고 무조건 조기 유학을 시키면 자녀를 국제 미아로 만들 수 있다. 미국에서 제대로 공부하려면 우리나라에서보다 공부를 더 많이 해야 한다.

우리나라 학생들이 조기 유학에 실패하는 가장 큰 이유는 독서량의 부족이다. 가볍고 쉬운 책에 익숙한 아이들이 갑자기 서양 고전을 원서로 읽어내야 하기 때문에 적응을 못하는 것이다.

따라서 조기 유학을 생각하는 부모일수록 아이들이 책과 친해지도록 하고, 가볍고 쉬운 책보다는 내용이 있고 어려운 책부터 읽혀야 한다. 무엇보다도 책은 모셔두지 말고 주방, 화장실, 거실, 안방 등 어디를 가든지 손쉽게 꺼내볼 수 있게 어려서부터 책과 친숙해질 수 있는 환경을 만들어주는 것이 좋다.

18

책을 소리 내 읽게 하라

불과 10여 년 전만 해도 초등학생들에게는 국어책을 소리 내 읽어오라는 숙제가 있었다. 그런데 최근에는 그런 숙제를 내는 학교가 드문 것 같다. 그러나 책을 소리 내 읽으면 입 주변 근육을 발달시키고 뇌를 자극하기 때문에 머리에 좋은 영향을 준다. 또 책을 눈으로 읽으면 빨리 읽으려는 욕심이 앞서 내용을 건너뛰거나 대충 읽고 넘어갈 가능성이 높지만, 소리 내 읽으면 정독을 할 수 있어 책 내용 이해에도 도움이 된다.

우리 아이들은 어려서부터 책을 소리 내 읽도록 했더니 대학을 졸업한 지금도 사전처럼 두꺼운 책까지 중얼중얼 소리 내 읽는다. 몇몇 부모들은 어린아이들도 해야 할 공부가 많은데 책까지 소리 내 읽힐 필요가 있느냐고 반문하지만 나는 공부의 기본은 책읽기이며, 책을 소리 내 읽으면 정독을 하게 돼 내용 파악이 잘 돼 성적 향상에 도움이 될 것이라고 단언할 수 있다. 또한 말을 잘하려면 목소리가 좋아야 하는데, 책을 소리 내 읽으면 목소리까지 좋아지게 할 수 있다.

나는 방송국에서 오래 근무한 탓에 신입 후배들을 훈련시킬 기회가 많았다. 그런데 입사 때 목소리가 좋은 후배보다 목소리가 평범한 후배들이 스타가 되는 경우가 많았다. MBC의 간판 앵커인 김주하 씨는 자신의 굵은 목소리 때문에 아나운서 시험을 볼 때 무척 고민했다고 한다. 입사한 후에도 목소리를 바꾸어보려고 입 안이 헐 때까지 연습했다고 한다. 그 결과 굵지만 매력 있는 목소리를 만들어 각광받는 앵커로 성장했다. 목소리도 신체의 일부이기 때문에 운동으로 몸매를 다듬듯 얼마든지 훈련으로 다듬을 수 있다.

하지만 정작 나는 후배 아나운서들을 훈련시키듯 우리 작은 아이의 타고난 쉰 목소리를 직접 고쳐줄 생각은 못했다. 우리 작은아이는 굵고 허스키한 데다 걸핏하면 쉬는 목소리를 가지고 태어났다. 나는 유난히 목소리에 예민해서 아이의 쉰 목소리가 여간 신경 쓰이지 않았지만, 그 당시로서는 속수무책이라고 생각했다. 그런데 미국에 건너간 후 우리 아이의 영어 담당 교사가 학부모 회의에 참석한 나에게 "이 아이는 쓰는 영어는 정말 잘하는데 스피치가 잘 안 된다. 목소리를 고쳐주면 해결될 것이다."라고 충고해준 다음에야 우리 아이의 목소리를 고칠 수 있다는 사실을 깨달았다. 그래서 처음에는 목소리를 전문적으로 바꾸어주는 학원에 보냈는데, 너무 비싸 나중에는 내가 그 방법을 터득해 직접 훈련을 시켰다. 알고보니 내가 후배 아나운서들을 훈련시켰던 방법과 그다지 다르지 않았기 때문이다. 우리 아이의 목소리는 그렇게 일 년 반가량 훈련을 시키고 난 후부터 완전히 달라져 지금은 누구에게나 목소리 좋다는 말을 듣는다.

이러한 경험을 통해 나는 사람의 목소리는 얼마든지 훈련으로 바꿀 수 있다고 믿는다. 그리고 사회적으로 말의 중요성이 커지는 만큼 목소리도 중요해질 것이라고 생각한다. 실제로 앨버트 메르비안이라는 미국의 사회학자는, 말하는 데 그 내용의 38퍼센트는 목소리 그 자체가 전한다고 주장한다.

앞으로는 일류 대학 나온 사람도 발표를 못하면 좋은 직장을 얻기 어려우며, 좋은 직장을 가져도 직장에서 성공하기가 어려울 것이다. 대학 입시에서 면접이 강화되는 것도 직장에서 발표로 직원들의 능력을 평가하는 곳이 많아지기 때문이다. 즉 대학은 말을 잘 못하는 학생을 선발하면 나중에 취업률이 낮아지고, 취업 후에도 도태되는 사람이 많아 대학의 평판이 나빠질 것을 염려해 입시에 면접과 논술을 강화하는 것이다.

따라서 당신이 정말로 아이를 공부도 잘하고 어디서나 환영받는 인재로 기르고 싶다면, 오늘부터라도 책을 소리 내 읽는 습관을 길러 책을 정독하면서 목소리도 아름답게 고치도록 하는 것이 좋을 것이다. 그렇게 하면 공부를 잘할 뿐만 아니라 취업도 잘할 수 있을 것이다. 책읽기를 하면서 목소리 훈련을 시키려면 가급적 바른 자세로 앉아 입을 크게 벌리고 천천히 읽도록 하는 것이 좋다.

19

먼저 생각하고 나중에 **행동하게** 하라

아이에게 먼저 생각해보고 나중에 행동하는 습관을 길러주면 공부를 저절로 잘하게 만들 수 있다. 생각하는 습관 하나가 수많은 갈등과 에너지 그리고 시간 낭비를 크게 줄여, 이 모든 것을 공부에 사용할 수 있기 때문이다.

일상생활에서도 먼저 생각하고 나중에 행동하면 많은 시행착오를 줄일 수 있어 성공의 지름길로 갈 수 있다. 예를 들면 생각하는 습관이 있는 사람은, 생각 없이 집을 나서 그날 꼭 들고 가야 할 중요한 물건을 빠뜨려 그 물건을 다시 챙기려고 되돌아오는 시간과 에너지를 줄일 수 있을 것이다. 그리고 생각 없이 말했다가 타인과 갈등을 일으켜 마음 고생하며 낭비하는 시간과 에너지, 생각 없이 공부를 시작했다가 엉뚱한 공부로 책상 앞에서 날려버린 시간과 에너지, 생각 없이 돈을 쓰다가 정작 돈이 필요할 때 남에게 아쉬운 소리하는 시간과 에너지, 감정의 낭비를 줄일 수 있다. 간단하게만 따져보아도 생각한 후에 행동하는 습관은 엄청난 시간과 에너지 절약을 가져온다는 것을 알 수 있을 것이다.

르네상스 시대의 이탈리아 화가 레오나르드 다 빈치는 그림을 잘 그렸을 뿐만 아니라 과학자, 물리학자, 의사, 발명가 등 무려 14가지의 각기 다른 직함을 가진 천재로 유명하다. 그가 그처럼 뛰어난 천재로 인정받는 이유는, 그가 단지 생각하는 습관을 가졌기 때문이다. 그가 원하는 인생 목표는 항상 단 한 가지, 그림을 잘 그리는 것이었다. 그러나 그리기 전에 생각부터 하는 습관을 기른 덕분에 그림을 잘 그린 것은 물론, 그처럼 많은 분야의 업적을 쌓을 수 있었다.

그는 비행기를 그리기 전에 비행기 구조를 낱낱이 알아내려고 생각하다가 발전된 비행기의 형태를 개발해 과학자가 되었고, 사람을 잘 그리려고 인체 근육의 생김새와 뼈의 구조에 대해 생각하다가 직접 시체를 해부하며 미처 발견되지 않은 새로운 인체 구조를 찾아내 의학자가 되는 식으로 전문 분야를 넓혀갔다. 레오나르도 다 빈치가 이룬 모든 업적은 생각한 후 행동하는 것과 생각 없이 행동부터 하고 보는 것이 얼마나 큰 차이를 가져오는지를 보여준다.

나는 지금도 가끔 생각 없이 운전하다가 약속 장소가 집과 반대 방향인데도 무심코 집 가는 방향으로 핸들을 돌렸다가 시간을 낭비하거나, 아침에 출근할 때 아무 생각 없이 집을 나선 후에야 그날 꼭 들고 나가야 할 서류를 놓고 온 사실을 발견하고 되돌아가서 가져오는 등 스스로에게 짜증낼 일을 할 때가 많다. 그래서 나의 좋지 않은 버릇을 자식들에게 물려주지 않으려고, 아이들에게는 생각한 후 행동하는 습관을 길러줄 전략을 짜 실행했다. 모르는 곳에 갈 때는 반드시 미리 지도를 찾아 어느 길로 가는 것이 좋은지를 생각한 후 떠나게 했고, 시험 공부를 하기 전에도 공부를 어떤 식으로 얼마만큼 할 것인지를 미리 생각한 다음에 하도록 했다.

나도 아이들이 어렸을 때는 생각한 후 행동하는 습관의 중요성을 잘 몰라 아이들이 중학교에 들어간 후에야 이러한 습관을 길러주기 시작해 처음에는 많은 저항에 부딪혔다. 그러나 인내심을 가지고 생각한 후에 행동하도록 반복해서 연습시키자 차츰 익숙해져갔다. 그 결과 지금은 두 아이 모두 학교 성적뿐만 아니라 악기, 운동 등 여러 분야에서 큰 성과를 거두었다. 그리고 이제는 오히려 방학 때 귀국하거나 내가 미국으로 만나러 가면 나에게 "집을 나서기 전에 어느 길로 갈 것인지 생각부터 하시고 떠나야지요."라는 잔소리를 한다.

나는 이러한 경험을 통해, 부모의 노력 여하에 따라 자식에게 얼마든지 좋은 습관을 만들어줄 수 있다고 생각한다. 따라서 당신의 자녀가 지금 몇 살이건 생각한 후에 행동하는 습관을 만들어주면, 나중에 공부에서 엄청난 차이를 만들 수 있을 것이라고 믿는다.

욕심을 부리면 큰 저항에 부딪힐 수 있지만 한꺼번에 너무 많은 것을 요구하지 않는 한 성공 확률은 높다. 처음에는 하루에 한 가지씩만 먼저 생각하고 나중에 행동하도록 요구하고, 차츰 그 범위를 넓히는 것이 요령이다. 예를 들어서 아이가 만약 세수하러 목욕탕에 들어가서 너무 오래 머문다면 "너는 목욕탕을 너무 오래 차지해서 다른 사람들을 기다리게 하니까, 오늘부터 세수하기 전에 어떤 방법으로 얼마 동안 세수하고 머리를 감을 것인지 미리 생각하고 들어가라."라고 제안해서 그 일 하나만 실천에 옮기게 하는 것이다. 아이가 미리 생각해본 후에 목욕탕을 사용하면 사용 시간 절약과 생각한 후에 행동하는 습관 기르기를 동시에 달성할 수 있게 될 것이다.

목욕탕 사용 전에 생각하는 것이 몸에 배면 다시 한 가지를 추가해서, 학교 갈 때 입을 옷을 전날 미리 생각해두었다가 아침에 바로 입고 나가게 하자. 아이의 취미와 태도에 따라 한 가지씩 범위를 확장하면 점차 생각한 후에 행동하는 것에 익숙해져서, 나중에는 이 습관을 공부까지 적용시킬 수 있게 된다. 먼저 생각하고 공부하는 습관까지 길러지면 아이의 성적은 굳이 걱정할 필요가 없다.

과연 나는
어떤 부모인가
...?
오늘 따라 심각하셔베~

20

그날 일어난 일을 말로 설명하게 하라

언어 능력이 뛰어난 사람들은 대부분 머리가 좋다. 아이큐 테스트의 수리 문제도 문제를 어떻게 풀라는 지시는 언어로 하기 때문에 언어 이해력이 높아야 문제를 제대로 이해해 답을 잘 찾을 수 있기 때문이다. 또 언어 능력이 뛰어나면 시험도 잘 볼 수 있다. 어떤 시험도 문제는 언어로 출제되기 때문에, 문제 자체를 해독하는 능력이 있어야 옳은 답을 잘 찾을 수 있기 때문이다. 또한 자기 생각을 말로 정확하게 표현할 수 있어야 실력을 제대로 인정받을 수 있고, 실력을 제대로 인정받으면 자신감이 생겨 공부를 열심히 할 의욕도 생긴다. 따라서 아이가 공부 잘하기를 바란다면 부모가 언어 능력을 길러주어야 한다.

아이에게 언어 능력을 길러주려면 가급적 어릴 때부터 말하기 연습을 시키는 것이 좋다. 말하기는 발레나 수영, 태권도를 배우듯 어릴수록 쉽게 익힐 수 있기 때문이다. 우리나라도 이제 자동차를 수십만 대 만들어 파는 것보다 협상 한 번으로 물건 값을 얼마나 적정하게 받느냐가 더 큰 경제적 이익을 가져온다는 사실을 터득해 학교마다 말하기 능력에 대한 관심이 높아지고 있다. 얼마 전부터 특목고 입학 시험에 이과 과목도 말로 푸는 시험제도가 도입되었으며 대학 입학 시험에서도 면접이 강화되고 있다. 그런데도 여전히 공교육을 통해 말하기 훈련을 시킬 만한 충분한 여건이 마련되지 않아, 부모가 따로 말하기 훈련을 시켜야 하는 실정이다.

그러나 알고보면 부모가 조금만 신경을 써도 아이의 언어 능력을 크게 향상시킬 수 있다. 아이가 유치원 또는 학교에 다녀오면 서둘러 학원으로 내몰 것이 아니라, 단 10분이라도 엄마 앞에 앉혀놓고 그날 일어난 가장 기억에 남는 일을 하나씩 설명하도록 하는 것만으로도 큰 효과를 볼 수 있다. 어떤 부모는 나의 이러한 제안에 "우리 아이는 제가 아무리 학교에서 있었던 일을 말해보라고 해도 잘 안 하는데 어떻게 해요?"라고 말한다. 그런데 그렇게 말하는 부모일수록 알고보면 부모 자신이 아이에게 말할 기회를 주지 않고, 자기가 아이가 할 말을 대신 해버려 아이의 말할 기회를 빼앗는 경우가 많다.

만약 아이가 학교에서 일어난 일을 설명하기 싫어하면 질문 방법을 바꾸어보는 것이 좋다. 막연하게 "오늘 학교에서 무슨 일이 있었어?"라고 물어 아이가 어떻게 대답해야 할지 망설이게 하지 말고, "오늘 네 짝하고 뭐 했어?" "오늘 담임선생님이 종례 시간에 무슨 말씀을 하셨어?" 등 좀더 구체적으로 물어 대답하기 쉽게 해주어야 한다. 또 "그런 애들하고 놀면 돼? 안 돼?" 등 아이가 단지 "네." "아니오."로 대답할 수밖에 없는 질문은 삼가고 누가, 언제, 어디서, 무엇을, 왜, 어떻게가 들어가는 질문으로 설명을 유도하는 것이 좋다. 아이가 만약 그런 질문에도 답변을 꺼리면 범위를 좀더 좁혀서 그날 있었던 일 중에서 단 한 가지만 말하도록 해 부담을 줄여주는 것이 좋다. 한 가지 설명에 익숙해지면 점차 그 범위를 넓혀서 점점 더 길게 말하게 하면 차츰 말하기에 익숙해질 것이다.

우리 친정아버지는 어려서부터 우리 형제들에게 열심히 말하기 연습을 시키셨다. 우리 형제들은 아버지의 귀가가 빠른 날은 저녁 식탁 앞에서 의무적으로 그날 일어난 일 중 가장 인상적인 일을 발표해야 했다. 그리고 만약 발표를 망치면 그날 저녁 식사는 굶어야 했다. 그 당시에는 먹을 것이 귀해 밥을 굶는다는 것은 아주 큰 벌에 속했다. 그래서 우리는 굶지 않으려고 발표에 온갖 신경을 곤두세우곤 했다. 그 결과 모든 형제가 말과 관련된 직업에 종사하게 됐으며, 공부 때문에 속을 썩인 적도 없다.

나는 친정아버지의 말하기 훈련 방법을 고스란히 우리 아이들에게 적용시켰다. 요즘 아이들은 심한 벌을 받으면 반발하기 때문에 밥을 굶기는 벌만은 적용하지 못했다. 그 대신 발표를 잘하면 그동안 사고 싶어했던 컴퓨터 소프트웨어를 사게 하는 등 상을 주었다. 그 결과 우리 아이들 역시 다른 애들보다 언어 능력이 크게 발달한 편이었고, 그 덕에 영어도 쉽게 배웠다.

이러쿵 저러쿵~
요러쿵 고러쿵~
알콩 달콩~
소쩌쿵 소쩌쿵~

나는 우리말을 잘하면 영어도 잘할 수 있다고 확신한다. 우리 조카도 교수인 아버지를 따라 미국의 공립 고등학교에 일 년 반 정도 다닌 적이 있는데, 미국 가기 전에 우리말 발표 연습을 시켜서 보냈더니 미국 학교로 전학 가서도 주눅 들지 않고 발표를 잘한 것은 물론, 영어도 빨리 배워 금세 우등생 그룹에 속했다. 우리 아이들도 중학교 때 미국에 갔지만 서툰 영어를 두려워하지 않고 손짓 발짓을 동원해 미국 아이들과 대화를 나눌 수 있었기 때문에 영어를 빨리 배워 금세 우수반에 편입되었다.

우리 아이들이 막 미국의 중학교로 전학 갔을 때 우리 아이들에게 생물을 가르친 선생님은 학부모 회의에 참석한 나에게 "아시아에서 온 아이들 중에서 댁의 아이들처럼 배짱이 좋은 학생들은 처음 본다."고 말하기도 했다.

미국 학교의 수업은 대부분 발표로 되어 있는데, 우리 아이들은 영어가 서툴건 말건 주눅 들지 않고 자기 의견을 충분히 표현해 좋은 점수를 얻었고, 여기에 고무된 아이들은 자신감이 생겨 점점 더 높은 수준의 반으로 옮겨갈 수 있었던 것이다. 그래서 나는 공부 잘하는 아이로 키우려면 말하기 훈련부터 시켜야 한다고 굳게 믿는다.

21

아이의 말할 권리를 보장하라

아이들이 부모에게 말 못할 비밀이 많아질수록 공부를 잘하기 힘들다. 고민거리가 공부에 집중할 수 없게 만들기 때문이다. 어린 아이들에게도 어른들 못지않게 친구와의 갈등, 성적에 대한 걱정, 미래에 대한 두려움 등으로 인한 걱정거리가 많다. 어른들이 보기에 시시해 보이는 일도 아이들에게는 심각한 고민거리가 되는 것이다.

그런데도 많은 부모가 자식의 걱정거리를 가볍게 여기고 '쓸데없는 걱정 하지 말고 공부나 하라'고 윽박지른다. 그러나 아이들은 고민이 많아지면 공부에 집중할 수 없어 걱정거리를 해소하려고 또래 친구를 찾는다. 사람은 걱정을 나눌 수 있는 사람을 만나면 점차 그에게 의지하게 되고, 그가 원하는 일도 해주어야 한다는 부담을 갖게 돼 자기가 원하지 않는 일거리가 많아진다. 그래서 친구와 고민을 해결하는 아이들은 공부에 집중할 수 없게 되는 것이다.

아이가 부모가 아닌 친구들에게 걱정거리를 털어놓는 이유는, 부모처럼 자기의 말을 평가하고 훈계하지 않기 때문이다. 부모인 당신이 아이의 말을 평가하지 않고, 편안하게 들어주면 아이들이 부모에게 고민을 쉽게 털어놓을 수 있어 편안한 마음으로 공부할 수 있게 될 것이다.

부모가 자녀의 친구와 싸운 이야기, 성적이 형편없이 떨어진 이야기, 선생님이 보지 말라는 영화를 본 이야기, 학원 빼먹은 이야기까지 평가하지 않고 들어주면 아이는 마음이 편해져 공부하기가 편해질 것이다. 마음속으로는 "이 녀석이 도대체 뭐가 되려고 이러지?" 하는 걱정이 되어도 "저런, 그런 일이 있었어? 얼마나 힘들었니?"라고만 말해주면 아이들이 부모에게 마음놓고 고민을 털어놓을 수 있다. '우리 부모는 내 걱정거리를 함께 나눌 수 있는 분이다.' 라고 안심하면 아이는 쓸데없는 고민으로 시간 낭비하지 않고 공부에 전념할 수 있다.

살다보면 어른인 당신도 누군가에게 털어놓고 싶은 근심거리가 있을 것이다. 그런데 당신의 걱정을 듣고 잘했느니 못했느니 평가하지 않고, "얼마나 걱정이 되느냐? 다 잘 될 거다. 너무 걱정하지 말아라." 하고 위로해주는 사람에게만 고민을 털어놓게 될 것이다. 아이들도 자신의 걱정을 평가하지 않고 위로해줄 대상이 필요한 것이다. 그런데 위로는커녕 잘잘못을 따져 야단만 친다면 그 사람에게는 더 이상 고민을 털어놓고 싶지 않을 것이다.

이미 다 알고 있는 이야기지만, 미국의 초대 대통령 조지 워싱턴은 어릴 때, 아버지가 가장 아끼는 벚나무를 도끼로 찍은 후 야단맞을 각오로 아버지에게 자기 잘못을 고백했다. 그때 그의 아버지가 "정직하게 말해주어서 고맙다."고 말해 자식이 어떤 어려움도 부모에게 정직하게 털어놓을 수 있게 만들었고, 정직은 미국 사회를 지탱하는 버팀목이 될 정도로 조지 워싱턴의 정직에 관한 철학이 미국 사회에 큰 영향을 미쳤다. 당신도 아이가 정말로 잘되기를 바란다면 아이가 부모인 당신에게 마음 놓고 자신의 고민거리를 털어놓을 수 있게 해주어야 한다. 물론 부모는 으레 자식의 상황을 걱정부터 하게 되어 있어서, 아이의 고민거리를 또래 친구들처럼 사심 없이 들어줄 입장은 못 된다. 그러나 한 가지 원칙만 세워놓고 아이의 말을 잘 들어주면, 차츰 친구처럼 자식의 고민을 들어주고 위로해 줄 수 있는 자세를 가질 수 있다.

나는 단 한 가지 원칙을 세워놓고 아이들의 말을 액면 그대로 들어주었다. 그 원칙이란 아이들이 중학교 다닐 때부터 절대 성적 문제로 왈가왈부하지 않는다는 것이었다. 나는 아이들이 그 나이쯤 되면 공부에 대해서는 스스로 판단할 수 있다고 생각하고 아이들이 성적이 형편없이 떨어졌다고 불안해하면, 마음속으로는 걱정이 되어도 겉으로는 의연하게 "뭐 지나간 일 붙들고 고민할 필요 있어? 다음 일을 걱정하면 되지."라고 말해주었다. 그러자 아이들은 오히려 나더러 "부모가 되어 가지고 왜 자식 성적을 걱정하지 않으세요?"라고 말할 정도가 되었다. 부모가 자신들의 성적에 무관심하자 아이들은 스스로 성적 관리를 해 대학 때는 톱 수준까지 올렸다.

내가 우리 아이들에게 가장 민감한 성적 문제에 연연하지 않고 의연하게 시시콜콜한 고민을 다 들어주자, 나에게 여자친구에게 차인 이야기, 선생님에게 꾸중 들은 이야기 등도 서슴지 않고 했다. 나는 점차 부모는 아이들의 어떤 말도 평가하지 않는 것이 현명하다는 것을 깨달았다.

따라서 나는 다른 부모들에게도 아이가 자기 생각을 솔직하게 말하면, "이 애가 이러다 잘못되는 건 아닐까?" 하는 걱정이 앞서더라도 절대 평가하지 말고, 충분히 말할 권리를 보장해주라고 말한다.

…
어쩌지?
말씀 드렸다
혼만 나면…

22

부모가 아닌 **자식**이 원하는 공부에 **집중하게** 하라

백화점 문화 센터에서 아이가 공부 잘하도록 하는 방법에 대한 강의를 한 적이 있는데, 한번은 강의가 끝난 후 "우리 아이는 초등학교 5학년 남자아인데 하루 종일 밖에도 안 나가고 컴퓨터 자판기만 두들깁니다. 친구도 사귀고 학원도 다녀야 하는데, 아무리 컴퓨터를 멀리하라고 해도 소용없습니다. 어떡합니까?"라고 하소연한 어머니가 있었다. 나는 그 어머니에게 한 번이라도 아이에게 그 애가 가장 하고 싶은 것이 무엇인지 물어본 적이 있느냐고 물었다. 그 어머니는 잠시 망설이더니 고개를 가로저었다.

나는 그녀와의 대화를 통해 그녀가 아이가 하고 싶어하는 공부는 못하게 하고 어머니가 원하는 공부만 강요했음을 알게 되었다. 그래서 그 아이는 어머니의 강압을 피하려고 어머니가 요구하는 친구 사귀는 일까지 하지 않고 컴퓨터 게임에 몰두했던 것이다. 그래서 나는 "오늘 당장 아이에게 무슨 공부를 하고 싶은지부터 묻고, 아이가 원하는 공부를 하도록 놔두십시오. 그렇게 하면 아이도 어머니가 컴퓨터 게임 시간을 정해주고 그 시간에만 하라고 해도 반발하지 않을 것입니다."라고 대답해주었다. 그로부터 한 달쯤 후 그 어머니는 나에게 전화를 해서 "선생님 말씀대로 했더니 아이가 많이 좋아졌습니다."라고 말하며 울먹였다.

아이들도 어른들과 마찬가지로 스스로 힘든 일을 해결하면 성취감을 느낀다. 부모는 자식의 도전 정신을 길러주는 사람이지, 자식을 메주 빚듯 손으로 주물러 아이의 타고난 본성과는 다르게 부모가 원하는 모양으로 빚을 수 있는 권리를 가진 사람이 아니다. 따라서 아이들이 스스로 성취감을 갖도록 자기가 원하는 공부를 하도록 도와주어야 한다.

어릴 때부터 피아노를 잘 쳐 음대에 가고 싶어하는 친구가 있었다. 그러나 집안 형편이 어려워 꿈을 접고 교대를 나와 초등학교 교사가 되었다. 얼굴이 예뻐서 인기가 많았던 그 친구는 그후 치과의사와 결혼하고 집안에 들어앉았다. 그 친구는 자기 대신 딸을 유명한 피아니스트로 만들기 위해 아이가 걸음마를 시작할 때부터 피아노 레슨을 시켰다. 딸아이는 제법 피아노를 잘 쳤다. 그런데 그 친구는 아이가 피아노 칠 때마다 회초리와 시계를 들고 문 앞에 지켜서서 피아노 연습 외에는 아무것도 못하게 했고, 아이는 부모에게 순종하며 청소년기를 보내고 서울대 음대에 들어갔다. 그러나 딸아이는 다른 친구들에 비해 재능이 뛰어난 편이 못 돼, 졸업 후에도 피아니스트로 대성하기 어렵다는 진단이 내려졌다.

그 아이는 머리도 좋고 재주도 많아 자기가 원하는 공부를 했더라면 얼마든지 다른 분야에서 두각을 나타낼 수 있었을 것이다. 그러나 엄마가 처음부터 아이가 원하는 것은 알아보지도 않고 무조건 자신의 뜻대로 피아니스트로 대성시키려고 비싼 레슨을 시키며 집 안에 가두어놓고 연습만 시켜 아이를 무능력하게 만들어버렸다.

자식은 부모의 소유물이 아니고 부모와 다른 독립된 인격체이기 때문에, 아이와 이러한 일로 갈등을 빚으면 아이의 장래를 망치기 쉽다.

나는 우리 아이들의 음악성이 부족하다고 판단하고 아이들에게 절대 음감을 길러주려고 다섯 살, 여섯 살 때부터 바이올린 레슨을 시켰다. 물론 아이들에게 바이올린을 배우고 싶은지 묻지 않았다. 그런데 아이들은 너무 어려 팔을 비틀고 바이올린을 잡는 것을 힘들어했다. 레슨 선생님은 너무나 엄격해 팔이 제대로 비틀리지 않으면 야단을 쳤다. 나는 아이들과 6년 간 실랑이를 벌이면서 바이올린 레슨을 받게 했다. 그러나 점차 아이들의 반발이 심해져 초등학교 고학년 때 레슨을 그만두게 했다. 그때의 조건이 "다시는 악기 레슨은 받지 않겠다."는 것이었다.

아이들은 행복해하며 고등학교 입학 전까지 악기는 잊어버리고 있었다. 그런데 고등학교 때 유태인 친구 조슈아를 만나면서 이야기가 달라졌다. 조슈아는 타고난 음악적 재능으로 각종 악기 연주는 물론, 학교 축제 때마다 뮤지컬 주인공을 도맡아 할 정도로 노래 실력도 뛰어났다. 우리 아이들은 그 친구에게서 개인적으로 피아노를 배웠다. 특히 작은아이는 피아노 연주에 큰 흥미를 느껴 그 친구 심부름을 도맡고 공짜로 피아노 레슨을 받았다. 그리고 뉴욕대에 진학한 후 제대로 된 피아노 레슨을 받고 싶어했지만, 이미 엄마와 악기 레슨은 받지 않기로 약속했기 때문에 혼자서 레슨비를 마련해야 했다.

나중에 알고보니 이틀에 세 끼씩만 먹고 식비를 아껴 줄리어드 음대 교수를 지내다 은퇴한 할머니 선생님께 레슨을 받았다고 한다. 레슨을 받으면 연습을 해야 하는데 집에 피아노가 없어 자기네 대학 음대 건물에서 새벽부터 연습해 음대 학생들이 "도대체 쟤는 누구야?" 하며 궁금해할 정도였다는 것이다. 겨울 방학 때 피아노실에는 난방이 되지 않아 피아노 연습을 5분만 해도 손이 꽁꽁 얼어붙었다. 그런데도 손을 호호 불며 혼자서 연습해 음대 교수에게까지 알려져 특별히 그랜드 피아노 사용 허가도 받아냈다. 그리고 나중에는 뉴욕대에 다니면서 동시에 줄리어드 음대 야간 학교에 입학 허가를 받아 본격적인 음악 공부를 했다.

이처럼 부모가 원하는 공부가 아닌, 자식이 원하는 공부를 하게 하면 아이들은 놀라운 성과를 낸다.

23

공부를 놀이로 생각하게 하라

우리나라 어머니들치고 유태인 어머니들의 자녀 교육 방법에 관심이 없는 사람은 없다. 나는 실제로 미국에서 4년 정도 살면서 유태인 부모들이 자녀들을 어떻게 교육시키는지 지켜보며 많은 것을 배웠다. 우리 아이들은 유난히 유태인 친구를 많이 사귀었는데, 이 아이들은 공부를 놀이처럼 하고도 모두 하버드, MIT, 미시간 대학 등 명문대에 장학생으로 입학해 그곳에서도 우수한 성적으로 졸업했다.

유태인 아이들은 공부를 따로 하지 않고 놀이처럼 즐긴다. 우리 아이들은 고등학교 때 거의 매일 유태인 친구들을 집으로 데려와 격렬한 토론을 벌이곤 했다. 주제는 미국의 낙태와 핵무기 문제, 미국의 패권주의와 중동의 평화 문제 등 다양했다. 토론을 벌이면 어찌나 격렬한지 무서운 싸움이 벌어진 것처럼 보일 때도 있었다. 처음에는 아이들이 금세라도 상대방을 칠 듯 고래고래 소리를 질러 싸우는 줄 알고 슬그머니 아이들 방문을 열어보곤 했다. 나중에 알고보니 그것이 아이들의 놀이였다.

우리집에서 토론을 벌이곤 하던 그 아이들은 친구와의 토론에서 지지 않으려고 시사 문제를 비롯해 철학과 문학적 교양을 높이려고 신문은 물론 고전까지 무섭게 파고들었다. 그 때문에 특별히 따로 시험 공부를 하지 않아도 늘 학교 성적은 상위권을 유지했다.

나는 유태인 아이들이 공부를 놀이처럼 하게 된 과정이 궁금해 그 아이들의 어머니들에게 인터뷰를 해보았다. 그들의 이야기를 요약하면 다음과 같다. 유태인 어머니들은 아기가 말을 배우기 시작하면서부터 아기와 하나의 주제를 놓고 토론을 벌이며 공부를 놀이로 받아들이도록 한다. 《탈무드》가 랍비와 제자들이 한 가지 주제를 놓고 토론을 벌이는 내용이듯, 유태인들은 토론을 놀이로 생각하도록 어렸을 때부터 토론을 통해 표현법과 경청하는 법, 논리적 사고력과 자료의 중요성, 자료 사용법 등을 가르친다. 무엇보다도 아기가 돌이 되기 전부터 침대 머리맡에서 책을 읽어주어, 말을 배우기 전부터 책에 나오는 수많은 단어와 잘 다듬어진 문장을 대하면서 어휘력과 언어 구사력을 기르게 한다.

조슈아 어머니는 아기가 돌이 갓 지날 무렵부터 하루도 거르지 않고 책을 읽어주면, 아이가 네 살 정도 될 때 평균 1,500자 이상의 어휘력을 가질 수 있다고 말했다. 그리고 조금 더 크면 수수께끼 놀이를 해서 상상력과 추리력을 길러준다는 것이다. 수수께끼 놀이는 간단한 질문 하나로 여러 가지 상상을 이끌어내기 때문에 아이가 말귀를 알아듣기 시작할 때부터 시작하면 어휘력과 연상 능력을 크게 높일 수 있다. 수수께끼 놀이를 할 때는 신체의 명칭을 알아맞히는 것으로 시작하고, 두 살 정도 되면 '기쁘다', '슬프다' 등의 추상명사로 수수께끼를 낸다. 그리고 아이가 좀더 자라 추상적 사고와 비유의 개념이 생기면 본격적으로 '스무 고개' 놀이를 시작하며 퍼즐과 그림 맞추기, 블록 놀이, 찰흙 놀이, 만들기 등으로 발전시키면서 의문 나는 것은 언제든지 질문하게 해서 아이들이 공부를 놀이로 인식하게 만든다. 그렇지만 유태인 어머니들은 아이가 세 살이 될 때까지는 절대 글자나 숫자, 피아노 같은 것은 가르치지 않는다. 대신 음악을 들려주거나 여러 가지 그림을 늘어놓아 스스로 흥미를 갖도록 도와준다.

유태인 어머니들이 공부를 놀이로 즐기게 하는 것 못지않게 신경을 쓰는 것은 '장난감'이다. 그들은 공부와 직결되는 장난감을 주는 것이 아니라, 하찮은 도구라도 집 안에서 못쓰게 된 물건들을 장난감으로 사용하면서 머리에 자극을 주도록 했다.

우리 아이들은 초등학교 2학년 때 분수를 배웠는데 수 개념이 약해 분수 개념을 지독하게도 이해하지 못했다. 그래서 나는 귤을 가지고 분수의 개념을 가르치는 아이디어를 생각해냈다. 아이들에게 귤 한 개 속에 여러 개의 조각이 들어 있는 것으로 분수의 개념을 설명하며, 직접 귤껍질을 벗기는 놀이를 시키자 분수의 개념을 쉽게 이해했다.

내 친구
공부예요!
저도
알고보면
재미난 녀석
이걸랑요~
헤헤~

조슈아 어머니는 유태인 엄마들은 어린 아기들에게도 새 컴퓨터나 게임기를 사주어 어릴 때부터 과학기술을 익히도록 한다고 덧붙였다. 나 역시 앞으로는 컴퓨터가 중요해질 거라는 막연한 생각으로 우리 아이들이 초등학교 고학년이 되자 286 컴퓨터를 사주고 일 년가량 사용한 후 마음대로 뜯어보게 했다. 우리 아이들은 그 덕분에 컴퓨터 체계를 제대로 이해하게 돼, 미국에서의 공부에 큰 도움이 됐다고 말한다.

나는 유태인 어머니들과 친해진 후부터 부모 하기에 따라 아이들에게 공부는 얼마든지 놀이가 될 수 있음을 확신할 수 있었다. 그래서 자식이 스스로 공부하기를 바라는 어머니라면 유태인 어머니를 따라해보라고 권하고 싶다.

24

한꺼번에 많은 공부는 못하게 하라

"정말 의지의 한국인입니다. 그 아이는 3년 동안 방바닥에 요를 깔고 잔 적이 없다는군요."

우리 작은아이 중1 담임선생님과 그 당시 학생들에 대한 이야기를 나누다가 선생님으로부터 들은 말이다. 나는 "어린아이의 의지가 대단하군요."라고 대답했는데, 선생님은 격앙된 목소리로 "그 아이는 매달 한 과목당 문제집을 14권씩이나 푼다는군요. 그러니 잠 안 자고 공부하느라고 책 읽을 시간이 있겠어요?"라며 흥분하셨다. 그분은 스스로의 이야기에 흥분해서 혀를 차며 "그런 식으로 공부하면 좋은 대학 가기 힘들 거예요. 대학 들어갈 때쯤 되면 지치지 않겠어요?"라며 한숨을 쉬셨다. 그로부터 2년 후 선생님의 걱정은 현실이 되어서 그 학생의 성적은 중하위권으로 떨어졌다.

많은 두뇌 전문 의사들이, 한꺼번에 많은 음식을 먹으면 탈이 나는 것처럼 한꺼번에 많은 지식을 저장하면 뇌에 무리가 간다고 주장한다. 그런데도 대부분의 어머니가 자식에게 쉬는 시간도 주지 않고 공부만 하라고 강요해서 뇌에 무리가 가게 만든다. 아이들은 부모의 성화 때문에 비록 책상 앞에 앉아 있지만 그저 공부하는 척할 뿐 진짜 공부는 할 수가 없다. 안타까운 것은 공부 대신 공상을 하면서도 공부로부터 완전히 해방되지 못해 여전히 스트레스를 받는다는 것이다.

사람의 두뇌가 하나의 일에 집중할 수 있는 시간은 사람에 따라 다르다. 그러나 아무리 집중력이 뛰어난 사람도 50분을 넘기면 집중력이 현저히 떨어진다. 학교 수업 시간을 50분 간격으로 편성하는 것도 그 때문이다. 그런데 집중 시간이 짧다고 해서 공부를 못하는 것은 아니다. 우리 작은아이의 최대 집중 시간은 5분이다. 그래서 5분 공부하면 5분은 쉰다. 그런데도 누구보다 공부를 잘한다. 자녀가 정말로 공부를 잘하게 하려면 집중이 잘 되는 시간에 공부를 하고, 잠시라도 공부를 잊고 푹 쉬도록 해주면 집중 시간이 짧은 아이도 얼마든지 공부를 잘할 수 있다.

자녀가 집중할 수 있는 시간으로 나누어 5분에서 10분 정도씩 쉬어가며 공부하도록 하는 것이 효과적이다. 보통은 한 번에 20분 정도 집중해서 공부하고 5분 정도씩 쉬는 것이 좋다. 비디오로 어학 공부를 하거나 장시간 소요되는 수학 풀이 등은 아이 자신이 쉬고 싶다고 할 때까지 놔둬도 되지만, 그렇지 않을 때는 쉬어가면서 공부하

느리게 걸으니 아름답지
않은 것이 없구나-

빠르게 공부하니 머리에 남는게
하나도 없구나—!

는 것이 효율적이다.

사람의 몸은 무리를 하면 병이 난다. 두뇌도 신체의 일부이기 때문에 무리하게 사용하면 부작용이 생기게 마련이다. 따라서 아이가 정말로 공부를 잘하게 만들려면 집중할 수 있는 시간을 찾아서 그 시간만큼 최대한 집중할 수 있도록 도와주고, 그 아이가 쉴 때는 아예 공부를 잊고 완전히 쉬도록 해주어 뇌의 상태를 가장 편안하게 만들어주어야 한다.

25

잘하는 과목에 집중하게 하라

우리나라는 오랫동안 전 과목을 고루 잘해야 좋은 대학에 들어갈 수 있었다. 최근에는 대입 제도가 크게 달라졌지만, 학부모들은 이미 자신들의 학창 시절부터 전 과목을 잘해야 좋은 대학에 갈 수 있다는 고정관념에 사로잡혀 자식들의 전 과목 점수에 촉각을 곤두세운다. 그 때문에 아이가 특정 과목을 잘 못하면 비싼 과외를 시켜서라도 점수를 올려야 안심할 수 있다고 생각한다.

그러나 나는 못하는 과목의 점수를 올리려고 과외를 하는 것은, 절대 오를 리 없는 주식을 안전하다는 이유만으로 사는 것과 같은 어리석은 투자라고 생각한다.

사람은 저마다 타고난 재능이 달라 어떤 아이는 수학은 재미

있는데 어학은 재미없고, 어떤 아이는 어학은 재미있는데 수학은 싫을 수 있다. 그리고 어떤 아이는 정규 과목보다 운동이나 미술, 음악 등 예체능 과목만 좋아할 수도 있는 것이다.

그런데 부모가 자식의 타고난 특성을 무시하고 싫어하는 과목의 점수를 높이려고 억지로 과외를 시키면 점수는 조금밖에 올리지 못하면서 스트레스 레벨만 높일 가능성이 높다. 그리고 자식을 위해 많은 돈을 투자하면서도 자식과의 갈등은 더욱 커지게 된다.

따라서 나는 전 과목 점수를 올리려고 자식이 싫어하는 과목의 과외에 투자할 것이 아니라, 좋아하는 과목에 더 투자해 작은 비용으로 큰 성과를 올리는 것이 현명하다고 말하고 싶다. 예를 들어 국어, 영어 등은 평균 95점 정도 받는데 수학은 평균 60점 받는 학생이 있다고 치자. 그 학생이 비싼 수학 과외를 받아 수학 점수 5점을 더 올릴 가능성이 20퍼센트라면 영어 과외를 받아 영어 점수를 100점 맞을 가능성은 90퍼센트가 될 것이다. 이런 학생의 부모는 자식에게 수학 과외를 시킬 것이 아니라 영어 과외를 시키는 것이 현명하다는 말이다.

우리 사회도 점차 전문성을 중요시하고 있어 영어, 수학을 비슷하게 잘하는 학생보다 수학은 못하지만 영어를 뛰어나게 잘하는 학생, 영어는 못하지만 수학을 뛰어나게 잘하는 학생에게 기회가 더 많아지고 있다. 그리고 선진국일수록 어느 한 분야에 특별한 능력을 가지면 다른 분야에 대한 능력은 묻지 않는다.

나 역시 우리 아이들이 초등학교 다닐 때까지는 가장 못하는 수학 점수를 높이기 위해 억지로 주산 학원에 등록시킨 적이 있다. 그러나 아이들이 적응하지 못하고 다니기 싫어하자 등록한 지 채 한 달도 되기 전에 그만두게 하고 그 대신 영어 학원에 등록시켰더니, 영어를 더욱 열심히 배워 중학교 입학 후 영어 점수는 걱정해본 적이 없다.

자식이 못하는 과목의 점수를 높이려고 성과가 적게 나는 비싼 투자에 매달릴 것이 아니라, 적게 투자해서 큰 성과를 낼 수 있는 잘하는 과목에 투자를 하는 것이 더 좋은 결과를 가져올 것이다.

26

선행 학습에 시간을 낭비시키지 말라

"중학교 입학하기 전에 수학은 미리 떼고 가야 안심해요."

찜질방에서 초등학교 고학년 학부모로 보이는 여자들이 말했다. 그들은 초등학교 5~6학년에 불과한 아이들에게 과외를 통해 중학교 입학하기 전에 중학교 수학 전과정을 미리 공부시켜야 안심한다는 데 단 한 명도 이의를 달지 않았다. 그들은 수학뿐만 아니라 영어, 국어, 과학 그리고 태권도, 미술 등 각종 특기 학원까지 보내야 안심할 수 있다고 말한 후 '힘들어 죽겠다'는 푸념을 늘어놓았다.

나는 그들의 용기와 무모함에 충격을 받아 친구에게 거기서 들은 말을 옮겼다. 그러자 친구는 별일도 아닌데 유난을 떤다는 듯 "네가 애들을 국내에서 공부시키지 않아서 그래. 여기 엄마들은 다 그래."

라고 아무렇지도 않게 대답했다. 나는 친구의 말을 듣는 순간 우리 아이들 같았으면 "엄마, 저는 학교를 안 다니면 안 다녔지 절대로 그렇게 못해요!"라고 말했을 것이라는 생각이 들어 한기가 느껴졌다.

어머니들은 누구나 자기 아이가 남보다 똑똑하게 자라기를 바란다. 그래서 아이들에게 선행 학습을 시켜 경쟁력을 높여주려고 애쓰는 것 같다. 그러나 나는 내 주위의 학부모들을 통해 선행 학습은 오히려 아이들을 공부에 질리게 할 뿐이라는 사실을 지켜보았다.

마라톤 출발선에서 다른 아이들보다 먼저 출발해 선두주자가 되기를 바라는 마음에서 선행 학습을 선호하는 것을 이해 못하는 것은 아니다. 그러나 굳이 공정한 경쟁이 중요하다는 교과서적인 이야기가 아니더라도 선행 학습으로 경쟁을 앞지르게 하겠다는 생각은 유치원생을 대학생과 같은 출발선에 세워놓고 "너 먼저 출발해."라고 말하는 것처럼 무모한 일이다.

선행 학습은 경쟁에만 쫓기게 만들어 아이들이 기초를 우습게 여기도록 할 수 있기 때문이다. 선행 학습을 중요시하는 어머니들은 "우리 아이는 나이보다 조숙해서 괜찮다."고 말한다. 그러나 교과 과정은 수많은 석학들이 아이들의 나이별 지적 수준을 정밀하게 평가해 편성해놓은 것이다. 따라서 무리한 선행 학습을 시키는 것은 뼈가 여물지 않은 아이에게 강제로 큰 바위를 지고 산에 올라가라고 하는 것과 같다.

우리 작은아이는 다른 애들에 비해 일찍 한글을 깨쳤다. 그래서 초등학교에 입학한 형의 교과서를 몰래 꺼내 읽어버렸다. 나는 할 수 없이 다음 해에 취학 연령이 안 된 작은아이를 사립 초등학교에 입학시켰다. 그런데도 이미 형 책을 통해 교과 내용을 다 알아버렸기 때문에 학교 공부를 우습게 여겼다. 받아쓰기 숙제 같은 것은 노골적으로 "시시해요."라며 안 해 가서 선생님께 매도 많이 맞았다.

나는 이러한 경험을 통해 공부에 대한 호기심이 공부를 잘하게 만드는 원동력이라는 사실을 깨달았다. 그런데도 불구하고 아이들이 고학년이 되자, 다른 엄마들은 미리 다음 학년의 산수를 공부시키는데 나만 손 놓고 있는 것 같아 다음 학기에 배울 산수 문제집을 미리 풀도록 했다. 그러자 아이들은 미리 산수 문제집을 풀었기 때문에 더 이상 그 단원의 공부를 할 필요가 없다고 고집해 산수 성적이 50점까지 내려갔다. 그때부터 나는 아이들에게 선행 학습을 시키는 것은 공부에 대한 호기심만 없애는 어리석은 일이라고 생각했다. 나중에 미국으로 건너간 후 영어 때문에 선행 학습을 시킬 능력이 안 돼 포기했더니 오히려 고등학교 졸업반 때 대학 과정을 공부할 정도로 수학을 좋아하게 되었다.

그때부터 선행 학습보다 예습과 복습을 제대로 하는 것이 낫다는 것을 깨달았다. 예습은 그야말로 다음에 배울 단원을 맛만 보도록 하는 것이 좋다. 공부에 대한 호기심이 사라지지 않는 범위에서 간단하게 강의를 어떤 식으로 듣는 것이 좋을지 정도로만 하는 것이 좋다. 그러나 복습은 이미 배운 단원을 정리해서 기억의 장으로 저장하는 단계이기 때문에, 제대로 이해해서 저장해야 한다. 모든 학과 과정은 앞의 과정을 이어가도록 되어 있기 때문에 앞 단원을 충분히 이해하지 못하

모든 것이
새롭다~♪
공부←
바이 바이
이 봐, 하늘 아래
새 것은 없다구……

면 다음 단원을 제대로 이해하기 어렵다. 따라서 예습보다 복습에 더 많은 신경을 쓰게 하는 것이 좋다. 우리 아이들도 그 방법으로 공부해 적은 시간을 투자하고도 좋은 성적을 거두었다.

따라서 당신도 자식이 공부를 잘하게 하고 싶으면 아이에게 선행 학습을 시켜 공부에 질리게 하는 것보다 간단한 예습과 확실한 복습으로 교과 과정을 충분히 이해시키는 것이 더 효과적이라는 것을 알아야 한다.

27

아이가 **원하지** 않을 때는 공부하라고 **말하지** 말라

우리 아이들에 대해 잘 아는 사람들은 나에게 "자식 농사에 성공한 비결이 뭐예요?"라고 묻는다. 자녀 양육을 농사에 비교하는 것은 참으로 현명한 일이다. 문제는 자녀를 농사짓듯 양육하면 누구나 자녀 양육에 성공할 수 있는데 정반대로 해서 오히려 망친다는 점이다. 농사를 잘 지으려면 농작물이 원할 때만 보살펴야 한다. 원하지 않을 때 과잉으로 보살피면 떡잎이 지거나 죽어버린다. 모든 식물들이 필요로 하는 물보다 더 많은 물을 주면 죽어버리듯 아이들도 원하지 않을 때 지나친 사랑을 퍼부으면 잘 자라지 못한다.

그런데 안타깝게도 많은 어머니들이 아이가 원하는 것 이상으로 간섭하며 사랑을 퍼부어 아이를 망치는 것을 많이 본다. 그래서 나는 아이 문제로 고민을 상담해오는 어머니들에게 "아이들이 혼자 자라게 내버려두세요."라고 말해야 할 때가 많다. 우리 옛말에 '하던 일도 멍석 깔아주면 안 한다.'는 말이 있듯, 어머니가 아이들이 요구하지 않은 책이나 참고서를 사다가 쌓아놓으면 하던 공부도 그만두고 싶어질 것이다. 자의식이 강한 아이일수록 부모의 지나친 보살핌을 더욱 싫어한다. 그래서 부모의 호의를 뿌리치며 사사건건 대들거나, 부모가 시키는 일과 반대로 행동하거나, 공부는 안 하고 인터넷만 하거나 휴대폰으로 수다를 떨며 항의한다.

부모도 사람이기 때문에 아이가 부모의 부살핌을 거부하면 "나 좋으라고 그러냐? 너 좋으라고 그러지." 싶어 화가 날 것이다. 갈등은 갈등을 낳고, 갈등의 크기는 시간이 갈수록 점점 더 부풀어 '부모 자식간이 아니라 원수'라는 말이 나올 정도로 심각해질 수 있다.

따라서 당신도 아이가 원하지 않을 때는 마음에 들지 않아도 내버려두는 것이 아이를 잘 키우는 일이다. 당신이 이미 아이가 원하기 전에 베풀어주는 당신 태도에 익숙해지게 만들었다면, 갑자기 중단해 부작용을 일으킬 필요는 없다. 부모의 간섭에서 벗어났다는 해방감에 컴퓨터 오락이나 채팅으로 속을 더욱 뒤집어놓을 것이고, 부모는 속이 뒤집어지는 대로 화를 내 더 큰 갈등을 불러올 수 있다. 그러나 아이의 미래를 생각한다면 부작용이 나지 않는 범위에서 서서히 아이 일을 아이에게 맡기는 것이 좋을 것이다.

부작용을 없애면서 자식에게 스스로 자기 일을 처리하도록 하려면 자식이 속을 태워도 냉정하게 지켜보는 것이 상책이다. 무작정 지켜보는 것이 아니라 아이들이 부담스러워하지 않을 만큼 "이번 성적은 얼마까지 올려야 한다."는 조건을 달면서 자유를 주면 된다. 물론 이때도 갑자기 성적을 많이 높이도록 제안하는 등 비현실적인 요구를 하지 말고 50점 맞는 아이에게는 55점, 65점 맞는 아이에게는 70점 정도로 실현이 가능한 점수를 제시하는 것이 현명하다.

또한 아이가 부모의 이러한 제안을 기꺼이 받아들이도록 하려면 부모부터 아이와의 약속을 절대 깨뜨리지 말아야 한다. 부모가 점차 아이에 대한 참견을 줄이고 아이가 간절히 원할 때만 도와주면 아이는 편안한 마음으로 공부에 집중할 수 있게 될 것이다.

28

공부라는 단어를 남용하지 말라

윗사람이 싫어하는 일을 억지로 시키면 능률이 오르지 않고 짜증만 나듯, 아이들도 부모가 '공부하라' 는 말을 입에 달고 살면 '공부'란 강요받는 것이라는 부정적인 인식을 갖게 된다. 심하면 '공부'라는 단어 자체마저 듣기 싫어질 수 있다.

따라서 아이가 공부는 하지 않고 컴퓨터 게임에 빠져 있거나 텔레비전이나 보면서 빈둥거려도 "이제 그만 하고 공부 좀 해라."라는 말은 삼갈수록 좋다. 부모가 '공부하라' 고 말하지 않아도 공부할 아이는 알아서 공부한다.

나는 그 점을 이용해 우리 아이들이 공부하기 싫어하면 "공부하라."는 말 대신 "공부 안 해도 돼."라고 말했다. 그리고 "공부 안 해서 대학 못 가고, 취직도 못해서 이 다음에 변변한 직업을 못 얻으면 엄마 심부름이나 하면서 살면 되지 뭐."라고 못까지 박았다.

우리 아이들이 나의 "공부하기 싫으면 안 해도 돼."라는 말을 믿은 것은 내가 평소부터 "공부하라."고 성화를 부리지 않은 데다 내가 아이들에게 한 말은 어떤 경우에도 반드시 지켰기 때문이다. 우리 아이들은 내가 "공부하기 싫으면 나중에 엄마 가방이나 들고 따라다니며 비서 노릇 하면 되지 뭐."라고 말할 때마다 '이러다가 정말 평생 엄마 가방이나 들고 다니면서 무서운 엄마 그늘에서 벗어나지 못할지도 모른다.'는 생각이 들어 엄마에게 벗어나려고 기를 쓰고 공부했다고 말했다.

세기의 무용가 마샤 그레이엄의 안무가이자 미국 할리우드 영화와 브로드웨이 최고의 안무가로 활약해온 트와일라 타프는, 제2차 세계대전 발발로 피아니스트의 꿈을 접은 어머니와 건축가이자 미술가인 아버지의 꿈을 대신 이루기 위해 네 살 때부터 바이올린과 발레 등을 지독하게 열심히 익혀야 했다고 한다. 그녀의 부모님은 그녀가 자신들의 못 이룬 꿈을 이루어주도록 최고의 선생님을 골라 교육받도록 했다는 것이다. 그러나 딸에게 직접적인 압력은 넣지 않고 "엄마, 아빠는 네가 도랑 파는 일을 한다고 해도 지금까지 도랑을 팠던 그 누구보다 훌륭하게 해내기만 하면 만족해."라고 말해 최대한 연예계에서 최고가 되어야 한다는 부담을 줄여주었다고 한다. 그녀는 만약 부모가 "너는 무용가로 성공해야 해. 음악가로 성공하려면 그 정도 훈련은 받아야지."라고 강요했다면 가혹한 훈련을 견디지 못하고 중도에 그만두었을 것이라고 고백했다.

따라서 자식에게 공부나 특기 교육의 어려움을 극복하도록 하고 싶으면 '공부', '성공', '연습' 등의 단어를 남용하지 않는 것이 좋을 것이다.

29

단어보다 말의 **내용을** 이해시켜라

우리나라가 영어 공화국이 아닌가 싶을 정도로, 젊은 어머니들이 우리말도 제대로 할 줄 모르는 영 · 유아에게까지 영어 공부를 시킨다. 안타까운 것은 그러한 노력에도 불구하고 대학 졸업 때까지 미국 사람을 만나 말 한마디 시원하게 건네지 못하는 사람들이 많다. 이처럼 투자 대비 결과가 미흡한 이유는 간단하다. 영어가 언어의 한 종류일 뿐이라는 기본 특성을 무시하고, 영어를 단어 위주로 가르쳤기 때문이다.

어느 나라 언어건 하나의 단어가 하나의 뜻만을 가지고 있는 경우는 없다. 영어를 예로 들어 '선물' 을 뜻하는 'present' 라는 단어만 보아도 문장에 따라 '참석하다', '현재의', '(메시지 등을) 보내다' 등의 전혀 다른 뜻을 가지고 있다. 따라서 죽어라 단어만 외운 학생들은 그 단어의 의미가 문장 안에서 어떻게 변하는지를 몰라 단어를 언어로 연결시킬 수 없게 된다. 당연히 하나의 단어를 자유자재로 다른 의미로 사용하는 미국 사람들을 만나면 입도 벙긋하지 못할 수밖에 없다. 가뜩이나 외국어에 자신이 없는데 미국 사람이 자기가 이미 알고 있는 단어를 전혀 다른 의미로 사용하는 것을 보면 '혹시 내 말이 틀리면 어떡하나?' 또는 '내가 한 말이 저 사람에게 엉터리로 들리면 어떡하지?' 등의 걱정이 앞서 입이 안 떨어지는 것은 당연하다.

단어란 사람의 생각을 전하기 위해 만든 기호다. 그런데 사람의 생각은 워낙 복잡하고 추상적이어서, 단어 수를 아무리 많이 만들어도 모든 사람들의 모든 생각을 일관되게 표현할 수 없다는 한계를 갖는다. 그것은 영어뿐만 아니라 모든 언어가 다 그렇고, 우리말도 예외는 아니다. 우리말을 예로 들어보자.

만약 어떤 사람이 산불로 집을 잃었는데, 다음날 교통사고로 자식을 잃었다고 치자. 그때 사용할 수 있는 단어는 불행이 연달아 온다는 '설상가상' 일 것이다. 그러나 그 사람의 불행이 거기서 그치지 않고 다음날 다시 부인이 낙석에 맞아 크게 다쳤다면 어떤 단어로 그 상황을 표현할 수 있겠는가? '설상가상 + 설상가상' 이라고 말할 수는 없을 것이다. 이처럼 단어만으로는 추상적이고 복잡한 사람의 생각을 표현하기 힘들어 단어가 문장 안에서 다른 뜻으로 변신하는 것이다.

세계적으로 대학 입학 시험이 어렵기로 유명한 독일과 프랑스에서는 대입 시험에 해당하는 고등학교 졸업 자격고사가 거의 논문

식으로 되어 있고, 채점할 때 단어보다 문장의 뜻을 얼마나 잘 이해하는가를 측정해 점수를 준다. 우리나라의 많은 학부모들이 동경하는 미국의 교육제도도 미국인들에게는 그다지 좋은 평가를 받지 못한다. 미국의 제도로는 평균 지식 수준은 유지시킬 수 있지만 그 이상으로 높일 수는 없다는 것이다. 그래서 지금 미국에서는 유럽의 대입 제도 도입을 조심스럽게 검토하고 있다.

미국이 유럽식 교육제도를 들여오면 미국 교육제도를 받아들이는 우리도 금세 따라가게 될 것이다. 그러면 지금의 초등학생 정도의 학생들은 이미 유럽에서 시행하는 '문장을 이해하는 능력을 측정하는 대입 시험'을 통해 대학에 입학하게 될 가능성이 높아진다. 꼭 대입 제도가 그런 식으로 바뀌지 않아도 자녀에게 문장을 잘 이해하도록 하면 공부를 잘하게 될 것이다. 문장의 이해력이 높아지면 시험 문제의 지문을 정확하게 이해할 수 있으며, 교과 내용도 쉽게 이해할 수 있기 때문이다.

자녀가 문장을 잘 이해하도록 하려면 좋은 문장을 많이 접하게 해주어야 한다. 아직 글을 읽을 줄 모를 나이에는 가능한 한 좋은 문장으로 되어 있는 책을 읽어주고, 글을 읽기 시작하면 쉽고 재미있는 책보다 명문장이 많은 책을 읽혀야 한다. 만약 일찍부터 영어를 가르치고 싶다면 단어 암기보다는, 얇지만 영어로 된 책을 읽히는 것이 좋다. 문장 이해력이 높아져 언어 능력이 계발될 것이고 자연히 영어 실력도 향상될 것이다.

30

호기심만 잘 살려주어도 공부 습관의 **반은 길러준** 것이다

아이가 말을 배우기 시작하면 엄마 뒤를 졸졸 따라다니며 쉬지 않고 "엄마 저게 뭐야?" 하며 묻는다. 엄마는 집안일에 쫓겨 "엄마도 잘 몰라. 이제 그만 물어봐."라고 화를 내고 싶을 것이다. 그러나 아기는 엄마의 반응에 민감해서 "엄마 바빠. 나중에 물어."라고 말하면 궁금해도 참아야 한다고 생각해 호기심을 억제하게 된다.

공부란 새로운 것을 탐구하는 과정이기 때문에 호기심을 억제하면 공부를 잘하기 어렵다. 그래서 나는 아이들의 호기심을 살려주려고 호기심 때문에 잘못을 저지르면 관대하게 용서해주었다.

우리 큰아들은 초등학교 2학년 때 가스레인지에 플라스틱 바구니를 얹어놓고 불을 켜 큰 소동을 일으켰다. 플라스틱 바구니가 타면서 집 안이 연기로 가득 찼고 아이 봐주는 아주머니는 놀라 펄펄 뛰었다. 그러나 퇴근 후 이 사건의 전말을 전해들은 나는 아이의 호기심을 다칠까봐 야단치지 않고 "왜 그랬지?" 하고 부드럽게 물었다. 그러자 큰아이는 "쇠붙이로 만든 냄비는 불 위에 올려놓는데 왜 플라스틱 바구니는 올려놓으면 안 되는지를 확인해보려고요."라고 말했다. 아주머니는 "너무 놀라서 밥도 못 먹었어요."라고 말하며 호되게 야단쳐야 한다고 말했지만, 나는 "이제 그 이유를 알았지? 하지만 혼자서 궁금한 것을 해결한다는 것은 매우 위험한 일이기도 해. 다음부터는 엄마랑 같이 하자."라고 말하고 용서해주었다. 그랬더니 이 아이는 과학적 탐구심이 강해져 이과 과목은 특별히 공부하지 않아도 잘하게 됐다.

자식을 스스로 열심히 공부하는 아이로 기르려면 호기심의 싹을 자르지 말아야 한다. 사람들의 호기심이 비행기를 만들고, 긴 다리를 놓고, 고층 빌딩을 짓고, 컴퓨터 인터넷 같은 첨단 기술을 개발하게 만들었다. 호기심이야말로 공부의 원천이다.

아기들은 누구나 호기심이 많아 새로운 것을 보면 보는 대로 만지고 입에 넣으며, 조금만 더 자라면 "저게 뭐야?" 하며 끊임없이 질문을 퍼붓는다. 어머니가 자식의 호기심을 어떻게 살려내느냐에 따라 아이가 자라 알아서 공부하는 아이가 될 것인지, 공부하고 담을 쌓는 아이가 될 것인지가 결정된다.

아이의 호기심을 살리려는 어머니의 의지만 있으면 아이를 알아서 공부하는 아이로 기르기는 쉽다. 바빠서 일일이 아이의 질문에 대답해줄 수 없다면 백과사전을 사서 찾는 법만 알려주어도 된다. 아이들은 어머니가 어떤 형태로건 자기의 질문에 관심을 갖는 모습을 보여주면 계속해서 호기심을 키워갈 것이다. 어머니가 아이의 호기심만 잘 살려주어도 공부 습관의 반을 길러준 것이나 마찬가지다.

31

교과서에 충실하도록 이끌어라

어느 나라에서나 교과서 집필자는 그 분야 최고의 학자 중에서 선정한다. 그들은 모두 교과서를 나이에 맞추어 편성한다. 그런데도 우리나라 학부모들은 교과서를 불신하고 아이들을 과외와 학원으로 내몬다. 매년 대입 철이 오면 수석 합격자들이 "저는 교과서로만 공부했습니다."라는 소감을 말하지만, 어머니들은 '거짓말' 이라고 냉소하며 교과서를 무시한다.

그러나 학교 성적이 상위 1퍼센트 이내에 드는 학생들은 "교과서에 모든 것이 다 씌어 있다."는 말을 서슴지 않는다. 사람이 알아야 할 지식은 너무나 광범위해서 교과 과정을 무시하면 학교 성적을 높일 수 없다. 에디슨이나 아인슈타인 같은 천재도 교과 범위를 자기 멋대로 넘어가 학교 성적이 좋지 않았다. 그냥 공부를 잘하는 것과 학교 공부를 잘하는 것은 다르다. 따라서 학교 공부를 잘하려면 교과서 범위 안의 공부를 잘해야 한다.

교과서 공부에 충실해야 하는 또 다른 이유는, 학교가 학생들에게 시험을 보게 하는 이유가 학생이 교과 과정을 제대로 이해했는가를 측정하는 데 있기 때문에, 학생이 교과 범위를 벗어나 자기 방식으로 공부하면 공부를 많이 하고도 좋은 점수를 받기가 어렵기 때문이다. 참고서는 누군가가 교과서 내용을 여러 가지 말로 풀어서 양을 잔뜩 늘려놓은 것에 불과하다. 따라서 학생이 교과서 대신 참고서에 의지하면 같은 내용을 반복해서 보게 돼 시간만 낭비하게 된다. 학년이 올라갈수록 공부해야 할 양이 기하급수적으로 늘어 참고서의 길고 지루한 내용을 다 보려면 공부할 시간이 부족해진다.

그런데도 많은 어머니들이 문제집을 많이 풀어야 문제 유형에 익숙해져서 시험을 잘 볼 거라며 자식 앞에 문제집을 쌓아놓는다. 그러나 학생이 출제자가 왜 그런 문제를 출제했는지 이해하는 방법을 모른 채 문제집만 열심히 풀면, 문제 유형을 파악하기는커녕 문제를 기계적으로 푸는 습관이 생겨 문제가 조금만 달라져도 못 풀게 된다. 참고서는 그야말로 교과서 내용을 충분히 이해할 수 없을 때만 이용하고, 교과서 위주로 공부하면서 사전이나 참고 서적을 이용해야 출제 의도와 문제 유형을 더 쉽게 파악할 수 있다.

하나의 학설은 여러 가지 가정이 따르기 때문에 선생님에 따라서 전혀 다른 각도로 해석하기도 한다. 따라서 학생이 참고서만 달달 외우고 출제자의 의도를 파악하지 못하면 하나의 문제가 두 개 이상의 답을 갖는 것처럼 보일 수 있다. 그 때문에 많은 학생들이 처음에 맞게 쓴 답을 고쳐서 오히려 틀리기도 한다. 또 참고서 위주로 공부하면 응용력이 떨어져, 문제 유형이 참고서와 조금만 달라져도 바른 답을 찾기 어려워진다.

우리 아이들도 한국에서 초·중학교에 다닐 때는 자주 사지선다형 시험 문제에 "답이 두 개"라는 불만을 터뜨렸다. 어떤 때는 자기가 고른 답이 맞고 선생님의 답이 틀렸다고 고집을 피우기도 했다. 처음에 맞게 쓴 답을 시험 시간이 남아 고쳤다가 다 틀리기도 했다. 그러나 미국 간 다음에 참고서를 한 권도 이용하지 않고 교과서에 충실해지면서 학교 성적이 크게 좋아졌다.

교과서는
교과서!
교과서
부교재

32

노트 정리에 시간을 빼앗기지 않게 하라

수업 시간에 열심히 메모하는 사람은 '정말 열심히 듣는다'고 여겨지기 쉽다. 그러나 사실은 메모하는 데 정신이 집중돼 강의는 제대로 듣지 못하는 경우가 많다. 노트 정리에 정신을 파는 동안 강의 내용이 중간 중간에 끊겨 전체의 맥을 잡기도 어렵다. 그 때문에 노트를 정교하고 치밀하게 정리하는 학생치고 공부 잘하는 학생이 드물다.

미국 학교에서는 이런 문제를 해결하기 위해 강의에 집중하면서 강의 내용을 노트에 메모하는(note taking) 기술을 별도로 가르치기도 한다. 노트에 메모하는 기술은 강의를 들으며 중요한 내용을 기계적으로 적어 나중에 기억을 재생할 수 있도록 하는 방법인데, 복잡하고 긴 단어를 어떻게 생략해서 적고, 각 단어를 어떻게 연결해서 다음에 제대로 해독하는가에 맞춰져 있다. 나 역시 미국 대학에서 이 노트 정리 기술을 배웠는데, 처음에는 단어 생략법 등을 익히기가 번거로웠지만 한번 익혀놓았더니 강의에 집중하며 필기에 신경을 쓰지 않아도 충분히 받아적을 수 있어 매우 편리했다.

우리나라의 경우 학교에서 따로 노트 정리 기술을 가르치지 않는다. 그런데도 많은 교사들이 학생들의 노트 필기를 중요하게 생각한다. 대부분의 교사들이 강의를 하면서 칠판에 하나 가득 판서를 하고, 학생들에게 그대로 베끼게 한 다음 그것을 제대로 정리했는지 검사한다고 들었다. 이러한 수업은 강의하며 판서에 신경을 써야 하는 교사와 판서 내용을 베껴야 하는 학생 모두 수업에 집중하지 못해 수업이 부실해지기 쉽다. 따라서 교사들은 지금이라도 이러한 교육 방식이 학생들에게 미치는 영향에 대해 냉정하게 따져봐야 할 것이다.

우리 큰아이 초등학교 친구 중에 성격이 매우 꼼꼼한 아이가 있었다. 그 아이의 가방 속에는 항상 잘 깎인 12색의 색연필이 들어 있었다. 그 아이는 어찌나 꼼꼼한지 교과서에 줄을 그을 때도 항상 자를 대서 반듯하게 그었다. 노트도 색색의 연필을 사용해 거의 예술적으로 정리해, 노트 정리 점수에서는 항상 최고점을 받았다. 초등학교 때는 제법 공부를 잘했다. 그러나 학년이 올라갈수록 노트 정리를 잘하고도 수업을 따라가지 못해 고생하더니 결국 그저그런 대학에 간신히 들어갔다.

반면에 우리 아이들은 둘 다 노트 필기 점수를 제대로 받아본 적이 없다. 나 역시 노트 정리에 신경을 쓰지 않는 타입이어서 한 번도 아이들의 노트 정리에 대해 간섭하지 않았다. 우리 아이들은 초등학교 2학년 때부터 컴퓨터를 배웠기 때문에 노트 필기가 필요하면 책 위에 메모했다가 집에 와서 컴퓨터에 입력했다. 강의 내용을 입력하는 동안 그날 배운 수업 내용을 복습할 수 있어서 좋은 방법이었던 것 같다. 그러나 워낙 손으로 글씨 쓰는 것을 싫어해 노트 필기 점수는 아예 포기했다. 그래서 나는 담당 선생님을 찾아가 우리 아이의 이러한 특성을 설명했다. 대부분의 선생님들은 나의 설명을 진지하게 받아들여 노트 필기 점수에 큰 불이익은 주지 않았다.

그런데 중2 때 선생님은 노트 필기를 너무나 중시해, 노트 필기를 제대로 하지 않으면 '깜지' 라고 해서 교과서 내용을 팔이 떨어질 만큼 많이 베끼는 숙제를 냈다. 가뜩이나 글씨 쓰는 것을 싫어하는 우리 아이는 이 깜지마저 제대로 해가지 않아 선생님께 심하게 매를 맞기도 했다. 그 때문에 우리 아이는 지금도 깜지 이야기를 하면 몸을 부르르 떤다.

교과서 내용을 이해하기 위해 학생 스스로 노트에 교과서를 베끼는 것은 나쁘지 않다. 그러나 기계적으로 교과서의 '글씨' 만 베끼는 것은 의미가 없다고 본다. 따라서 부모인 당신은 필기를 싫어하는 아이에게 "선생님이 시킨 일이니까 꼭 해야 한다."고 윽박지를 것이 아니라, 아이가 알아서 해결하게 놔두어야 한다. 그렇다고 해서 아이 앞에서 "무슨 선생이 애들한테 책을 다 베끼라고 그래? 자격이 없네."라고 투덜대 아이가 선생님을 무시하게 만들 필요도 없다. 마음에 들지 않아도 깜지 숙제 낸 선생님을 아이 앞에서 비난하지 말고, 아이 몰래

노트 정리에
시간 뺏기지
마라-
중요한 말이다!
별표, 밑줄 쫙!

선생님을 만나 “우리 아이는 필기에 대한 거부감이 많으니 깜지 숙제 대신 다른 숙제를 내달라.”고 정식으로 요청하는 것이 좋다. 그리고 아이에게 더 이상 노트 필기를 잘하라고 강요하지 말고, 아이가 자신에게 맞는 공부 방법을 선택할 수 있게 해주어야 자발적으로 공부하게 될 것이다.

33

시험 스트레스를 줄여주고 점수 관리는 스스로 하게 하라

자녀 교육에 열성적인 어머니들은 자녀의 학년에 관계없이 언제 모의고사를 보고 중간고사를 보는지, 시험 범위는 어디까지이며 어떤 참고서를 보아야 시험을 잘 볼 수 있는지 등에 대해 아이들보다 더 잘 안다. 점수에 관해서도 몇 점 정도면 상위권인지 하위권인지, 상급 학교에 가면 성적이 어떻게 변하는지 등에 대해 아이들보다 더 잘 안다. 그래서 어머니들은 아이가 시험 공부해야 할 시기와 방법, 최소한 올려야 할 성적 등에 관해 깊이 관여한다.

나는 우리 아이들을 미국으로 데리고 가기 전에는 어머니들의 이런 모습을 볼 때마다 내가 엄마 노릇을 제대로 못하는 것 같아서 기가 죽곤 했다. 심지어 '아이들이 언제 시험을 보는지조차 모르고 있으니 아이를 잘 기르기는 틀렸다'는 자책감에 시달릴 수밖에 없었다. 그 당시 나는 파출부 구하랴, 집안일 하며 직장 다니랴 정신이 없어서 담임선생님이 아이들에게 시험지에 부모님 도장을 찍어오라는 지시를 하지 않았다면 아이들 시험 성적조차 제대로 몰랐을 것이다.

그러나 커뮤니케이션 공부를 하고 나자 그때의 내 처지가 오히려 우리 아이들에게 자유를 주었다는 생각이 들었다. 그때 내가 만약 다른 엄마들처럼 아이들의 시험 범위까지 알아내서 챙겨주었다면, 남의 간섭 받기를 싫어하는 우리 아이들은 크게 반발하고 공부를 안 해 내 속을 엄청나게 썩였을 것이다.

내가 본격적으로 커뮤니케이션 공부를 한 후 알게 된 사실은, 아이들은 부모가 생각하는 것보다 더 부모 말에 많은 영향을 받는다는 것이다. 요즘 아이들은 맹랑해서 부모 말을 우습게 여긴다고 생각하기 쉽지만, 아이들은 본능적으로 자신의 생존이 부모 손에 달려 있음을 알기 때문에 부모의 사소한 말도 마음에 깊이 새긴다. 따라서 가뜩이나 시험 스트레스에 시달리는 아이에게 "시험 못 보면 죽어!"라고 말하면, 아이들은 부모가 생각하는 것보다 훨씬 심각하게 "내가 시험을 못 보면 정말 부모 손에 죽을지도 모른다."고 받아들일 수 있는 것이다.

또한 아이들은 누구나 시험 결과에 따라 자신의 등급이 매겨진다는 사실을 잘 알고 있다. 가뜩이나 스트레스를 받고 있는 상태여서 굳이 부모가 압력을 가하지 않아도 시험을 앞두면 스스로 긴장한다. 그 때문에 부모가 닦달하면 아이는 시험을 전투하는 자세로 치러 시험을 망치기 쉬운 것이다.

연습은
실천처럼!

실천은
연습처럼!

모든 운동이 최고에 도달하는 방법은 몸의 힘을 빼는 것이다. 그런데 운동뿐만 아니라 공부도 몸에 너무 힘이 들어가면 사고가 유연하지 못해 잘 안 된다. 따라서 자녀가 시험을 잘 보게 하려면 시험을 앞둔 아이에게 시험 잘 보라고 스트레스를 주어 몸이 굳어지게 하지 말고 마음 편히 시험볼 수 있도록 대해주어야 할 것이다. 또한 시험 결과에 대해서도 어머니가 일일이 체크할 것이 아니라, 아이 스스로 점수를 관리하도록 권한을 대폭 넘겨주어야 공부는 내 일이라는 인식을 갖게 된다.

어머니는 그저 아이의 성적이 단 1점이라도 올라가면 마음껏 칭찬을 해서 자기가 시험을 잘 보면 부모님이 좋아한다는 사실을 깨닫게 해주는 역할만 하면 된다.

아이들은 어머니의 말뿐만 아니라 행동에도 영향을 받기 때문에, 아이가 어떤 일을 할 때 부모가 기뻐하는지를 확실히 알게 해주는 것도 중요하다.

34

문제집을 버리고 **책을 많이** 읽게 하라

해마다 새 학기가 되면 어머니들은 숨겨둔 비상금을 털어서라도 아이들 문제집부터 산다. 그 때문에 서점들은 새 학기를 맞으면 학년별 문제집으로 진열대를 가득 채우는 진풍경이 벌어진다. 그러나 학부모인 당신도 학창 시절을 되돌아보면 문제집 많이 푼 친구들이 공부 잘했다고 말하기는 어려울 것이다. 문제집을 많이 푼 애들보다는 오히려 늘 노는 것 같은데 아는 것이 많은 친구들이 공부를 더 잘했을 것이다. 노는 것 같으면서도 공부를 잘하는 친구들의 비결은 끊임없는 독서다. "책 속에 길이 있다."는 구태의연한 말을 들먹이지 않더라도, 책을 많이 보면 문제집을 많이 푸는 것보다 더 공부에 많은 도움이 된다.

학교에서 학생들에게 어려운 문제를 풀도록 하는 이유는, 인간이 살아가면서 부딪히게 되는 여러 어려운 상황을 염두에 두고 그 상황에서 가장 적절한 문제 해결 방법을 찾는 힘을 길러주기 위해서다. 그런데 고전 등 명작에는 인간에게 일어날 수 있는 갖가지 문제와 그것을 해결하는 방법들이 적혀 있기 때문에, 책만 열심히 읽으면 어떤 시험 문제가 출제되어도 어렵지 않게 풀 수 있는 것이다. 학생들이 시험을 잘 보려면 출제자가 무엇 때문에 그 문제를 출제하며, 출제자가 원하는 답은 무엇인지 등을 알아야 하는데 그런 것도 책 속에는 다 나와 있다. 그 때문에 책을 읽지 않고 문제집만 많이 푸는 것은, 나침반 없이 광야를 헤매는 것만큼 무모하다.

내가 독서의 중요성을 이야기하면 대부분의 어머니들은 "아이들이 공부하기 바쁜데 책 읽을 시간이 있나요?"라고 대꾸한다. 그런 어머니들은 아이가 공부를 잘하기 바라면서도 정작 공부 잘하는 방법을 차단하는 셈이다.

나는 독서를 많이 한 아이들의 대단한 경쟁력을 직접 지켜보았다. 우리 아이들 친구들 중 공부에 두각을 나타내는 아이들은 학교에서 반드시 읽으라는 책은 물론 수많은 고전을 읽은 아이들이었다. 초등학교 때부터 전국 학력 경시대회를 다 휩쓸고, 하버드 대학을 수석으로 졸업한 아론이라는 아이는 보통 애들에 비해 10배 이상의 책을 읽어 항상 노는 것 같아도 놀라울 정도로 공부를 잘했다. 대학 입학 후에도 음향기기에 빠져서 새로운 스피커를 만드느라 며칠씩 밤을 새는 등 다른 애들이 보면 놀랄 정도로 학교 공부를 등한시했지만 하버드 대학도 수석으로 졸업했다.

독서는 4의 힘!

우리 작은아이 뉴욕대 동창 중 루라는 아이도 고등학교 때까지 남들이 어려워서 잘 읽지 않는 고전까지 다 읽어냈는데, 대학 재학 중에 사업을 벌여 몇 백억 원의 자산가가 되고도 대학을 수석으로 졸업했다.

우리 작은아이는 심한 난시로 외출을 싫어해 집에 틀어박혀 책 읽는 것을 좋아했다. 초등학교 때 칸트와 데카르트를 읽고, 사법고시 준비하는 외삼촌의 문화사 책까지 훔쳐다 "한자가 많아서 못 읽겠어요. 한글로 달아주세요."라고 말해 한글로 주를 달아주어야 할 정도로 책을 많이 읽었지만 아론이나 루와 비교하면 독서량이 반 정도밖에 안 된다고 투덜댔다.

서양의 학부모들은 어린아이라고 해서 쉬운 책만 읽히지 않고 어려운 책도 읽히는 데 비해, 우리나라 어머니들은 책을 많이 읽혀야 공부를 잘한다는 말을 해주면 "그럴 시간이 어디 있어요. 학교 공부해야지."라고 말한다. 그러나 국제화 시대를 맞아 아이들이 이처럼 독서를 많이 한 나라 아이들과 한 무대에서 경쟁해야 한다는 사실을 깨닫는다면 당신도 자식이 문제집 푸는 시간을 절약해 책을 읽는 것이 낫다는 것을 깨닫기가 어렵지는 않을 것이다.

35

책상 앞에 앉히려고 실랑이하지 말라

어머니들은 아이가 방바닥에 엎드려 책을 보면 화를 낸다. 책상 앞에 앉아 공부하지 않으면 공부를 하지 않는 것으로 간주하기 때문이다. 그러나 아이들은 공부 하나만으로도 엄청난 스트레스를 받는다. 바른 자세로 앉는 것은 또 다른 스트레스다. 따라서 당신이 정말로 아이가 공부를 잘하기를 원한다면 두 가지를 다 잘하라는 압력으로 부담을 주지 말아야 할 것이다. 공부와 바른 자세는 분리해서 해결해야 할 문제다.

자녀가 걸음마를 시작할 때부터 바른 자세 습관을 길러주지 못했다면 바른 자세로 앉는 것 자체가 어려운 일이다. 부모인 당신도 항상 편한 자세를 취하다가 갑자기 점잖은 모임에 참가해서 억지로 바르게 앉아보면 내 말이 무슨 말인지 알게 될 것이다. 허리가 뻐근하고 어깨도 결려 오랫동안 같은 자세로 앉아 있으려면 여간 고통스럽지 않을 것이다. 사람의 몸은 유연해서 원하는 대로 자세를 바꿀 수 있다. 그러나 개인별로 이미 굳어진 고유의 자세가 있어서 일률적으로 같은 자세를 취하기는 어렵다. 그래서 어떤 사람은 등을 둥글게 말고 누워야 편안하고, 어떤 사람은 시체처럼 늘어져 잠을 자야 편안하며, 어떤 사람은 허리를 쭉 펴고 앉는 것보다 허리를 구부정하니 앉아야 편하다.

오랫동안 초등학교 교사로 재직했던 내 친구는 유치원을 마치고 초등학교에 입학한 어린아이들에게 의자에 바르게 앉으라고 하면 잠시 동안은 바르게 앉지만 금세 자세가 흐트러진다고 말한다. 그 친구가 몇 십 년 간 교사로 재직한 경험에 의하면, 아이들의 자세를 바로잡는 데만도 별도의 시간과 노력이 필요하다는 것이다. 그런데 대부분의 학부모들이 자녀가 학교에 입학만 하면 바르게 앉아서 공부를 열심히 하라는 두 가지 부담을 주어 아이들이 심한 스트레스를 받는다고 한다. 부모들은 '바른 자세가 바른 정신을 기른다.'며 아이가 모처럼 공부에 흥미를 느껴 방바닥이나 침대에 엎드려서 책을 보는데도 "책은 책상 앞에 앉아서 봐야지 그렇게 공부하는 건 소용이 없어."라고 야단을 쳐 공부에 대한 흥미를 쫓아버리기 일쑤라는 것이다.

물론 나도 두 아들을 키운 어머니로서, 다른 어머니들이 어린아이들에게 책상 앞에 앉는 것을 강요하는 이유는 충분히 이해한다. 사람은 일상생활의 자세에 따라 체형이 달라지며, 아주 어렸을 때부터 자세를 바로잡지 않으면 나중에는 고치기 어렵기 때문이다. 나 역시

자식을 책상에 앉힐 수는 있어도 공부하게 할 수는 없다!
어디서 많이 들던 말~

아이들의 체형을 바로잡는 문제는 공부를 잘하는 것 못지않게 중요하다고 생각한다.

우리 아이들은 내가 오랫동안 직장 생활을 해서 주로 가정부나 파출부 아주머니 손에서 자라 체형을 바로잡거나 자세를 바로 하도록 교육을 시킨 적이 없다. 그 때문에 항상 방바닥에 엎드려서 책을 보거나 벽에다 베개나 쿠션을 놓고 앉아서 보았고 책상 앞에 앉는 것을 매우 싫어했다. 나 역시 아이들이 초등학교에 입학한 후부터 책상 앞에 반듯이 앉아 공부하라고 성화를 부렸지만, 우리 아이들은 책상 앞에 5분 이상을 앉아 있지 못했다. 궁여지책으로 방바닥에 밥상을 펴놓고 거기서 공부하도록 했지만 시간이 조금만 지나면 다시 바닥에 엎드리거나 밥상 밑으로 반은 들어가 누워서 책을 보거나 글씨를 썼다.

나는 아이들이 공부할 때 자세를 교정하도록 하는 것에는 무리가 있다고 판단하고, 자세 바로잡는 문제와 공부하는 문제를 분리하기로 했다. 일단 아이들이 공부할 때는 어떤 자세로 하건 내버려두었다. 그랬더니 한 자리에 5분 이상을 앉아 있지 못하는 우리 작은아이는 침대에 거꾸로 매달려 책도 보고 텔레비전도 보았다. 그래도 내버려두었다. 그런데 미국으로 건너간 후 아이들이 영어가 서툴러 수준이 가장 낮은 반에 배치되자 목에 쇠사슬을 걸고 다니는 흑인 아이들과 어울리더니 걸음걸이까지 이상해졌다. 엉덩이를 뒤로 빼고 호주머니에 손을 넣은 채 뒤뚱뒤뚱 걷는 흑인 특유의 걸음으로 바뀐 것이다.

나는 아이들의 자세 문제를 더 이상 방치할 수 없어서, 저녁 식사 후 30분 간을 자세 교정 시간으로 갖고 작업에 들어갔다. 제일 먼저 뒤뚱거리는 걸음걸이가 눈에 거슬려 거실의 가구들을 한쪽으로 밀고 공간을 최대한 넓게 해서 머리 위에 잡지를 얹고 떨어뜨리지 말고 걸으라고 했다. 처음에는 "우리가 무슨 여자애들이에요? 패션 모델 만드실 거예요?" 하며 반발이 컸지만 "걸음걸이가 이상하면 다른 사람들이 너희를 무시한다. 걷는 모습으로 인격을 채점하거든." 등 여러 가지 말로 설득해서 훈련을 계속했다. 처음에는 한 발짝만 옮겨도 머리 위에서 잡지가 떨어졌다. 그러나 차츰 시간이 지나자 조금씩 잡지 떨어지는 횟수가 줄었다. 나는 그 기회를 놓치지 않고 허리를 곧게 펴고 앉는 법과 바르게 걷는 법을 동시에 훈련시켰다. 6개월쯤 계속했더니 어디에 내놓아도 자세가 곧았다. 지금도 어디 가나 자세가 바르다는 칭찬을 듣는다.

그러나 아이들은 자세가 좋아진 다음에도 책상 앞에 앉아 공부하는 것은 질색한다. 그래서 대학을 졸업한 지금도 엎드리거나 침대에 매달려서 책을 본다. 그렇게 책을 보아도 충분히 만족할 만한 성적을 거두기 때문에 나는 더 이상 그 문제로 아이들을 괴롭히지 않는다.

아이들이 스스로 알아서 공부를 하게 하려면, 아이들이 가장 편안하게 생각하는 자세로 공부하도록 내버려두자. 자세 문제가 걱정되면 얼마든지 공부하는 것과 분리해서 따로 자세를 바로잡아줄 수 있다.

36

담임선생님과의 커뮤니케이션을 **열심히 하라**

대체로 어머니가 담임선생님과 좋은 관계를 가지면 그 집 아이는 공부를 잘한다. 어머니가 아이에게 직접 간섭하지 않고, 주변을 통해 아이를 챙기는 지혜를 가지고 있기 때문이다. 아이가 스스로 공부 열심히 하게 만들려면, 어머니가 직접 아이와 부딪혀 갈등을 일으킬 것이 아니라 자식 주변 사람들의 도움을 구하는 것이 현명하다. 자식의 주변 사람 중에서 자식에게 가장 큰 영향을 미치는 사람이 담임선생님이다.

내가 이렇게 말하면 어떤 어머니는 "저도 물론 담임선생님과 잘 지내고 싶지요. 그렇지만 우리 형편에 어떻게 담임선생님을 자주 찾아가요? 매번 빈손으로 찾아갈 수도 없는데……."라며 부담스러워할는

지도 모른다. 그러나 담임선생님도 사람이다. 매번 선물이나 돈을 들고 찾아가면 인간적으로 친해지기보다 거래 관계가 형성돼 가까워지기 어렵다.

강남 노른자위 학군에서 오랫동안 교사 생활을 한 후배가 있다. 그 후배는 가끔 "사실 촌지를 받으면 기분이 찜찜하거든요. 억지로 쑤셔넣어 주니까 어쩔 수 없이 받을 때도 많아요. 어떤 때는 누가 얼마를 주었는지 기억도 안 나요."라고 말하곤 했다. 후배 말로는, 대부분의 교사들은 이유 없이 돈을 주고받는 학부모와는 인간관계가 좋아지기 어렵다고 말했다. 돈을 주고받으면 왠지 인간관계가 아닌 거래 관계가 성립되더라는 것이었다.

우리 아이들이 초등학교에 다니던 1980년대 후반에는 촌지 문제로 몹시 시끄러웠다. 노골적으로 촌지를 요구하는 교사들 때문에, 빈손으로 담임을 만나러 갔다가 망신을 당했다며 분통을 터뜨리는 어머니들도 적잖았던 것으로 기억된다.

그러나 나는 그 시절에도 촌지 없이 담임선생님과 잘 지냈다. 촌지 대신 다른 어머니들이 꺼리는 커튼과 테이블 보 등의 빨래를 도맡았다. 당시 담임선생님들은 직장 생활로 바쁜 내가 빨래를 해주면 고맙게 생각했다. 그래서 우리 아이들의 담임선생님들은 내가 변변한 밥 한 끼 안 샀는데도 나를 반기곤 했다. 그들은 마음을 터놓고 자신의 인간적인 고민을 하소연하기도 했고, 우리 아이들의 장래에 관한 진지한 의견을 주기도 했다. 담임선생님과 친해지자 우리 아이들의 학교 생활을 쉽게 파악할 수 있게 되었다.

학익진, 양면 공격!

나는 아이들의 담임선생님과의 대화를 통해 우리 큰아이가 유난히 고집이 세다는 것과 작은아이가 선생님이 정한 규율을 우습게 여기고 번번이 숙제를 안 해 간다는 사실을 알게 되었다. 나는 이 문제를 담임선생님과 공동 작전으로 해결했다.

아이가 학교에 입학하기 전만 해도 부모는 아이와 접촉하는 시간이 많아 아이의 행동을 쉽게 관찰할 수 있다. 아이들은 대부분 부모를 모델로 해서 행동하기 때문에, 부모만 바르게 행동하면 별 문제가 없다. 그러나 학교에 입학하고 나면 학교라는 단체 속에서 살아남아야 하기 때문에, 그 단체 안에서 가장 큰 힘을 갖고 있는 담임선생님의 말 한마디가 부모 말보다 더 큰 영향을 미치게 된다.

꽤 오래전 이야기지만, 나 역시 담임선생님의 한마디 때문에 아나운서가 되었다. 초등학교 4학년 때 담임선생님은 목소리가 참 고우셨는데, 당신 자신이 아나운서의 꿈을 가지고 있었지만 이루지 못했다면서 "너는 목소리도 좋고 발음도 좋아서 아나운서 하면 되겠다."라고 말씀하셨다. 나는 그분의 말씀을 듣기 전까지만 해도 우리나라 최초의 여성 법관이었던 이태영 여사를 모델로 법관이 되겠다는 꿈을 가지고 있었다. 그러나 초등학교 4학년 때 담임선생님의 그 한마디는 나를 법관이 아닌 아나운서의 길로 이끌었다. 나는 선생님의 말씀을 가슴에 새겨 국어사전을 끼고 다니며 바른말 공부를 했고, 열심히 방송을 들으며 어떤 아나운서가 방송을 잘하는가를 눈여겨보기 시작했다.

요즘 아이들은 선생님을 우습게 여기고, 선생님에 대한 험담이나 한다고 생각하기 쉽지만, 여전히 담임선생님의 한마디가 아이들의 인생을 좌우할 만큼 큰 영향을 끼친다.

따라서 자식을 공부 잘하는 모범생으로 기르고 싶으면 어머니가 담임선생님과 인간적으로 친해지도록 노력하는 것이 좋다. 아이를 어머니 혼자의 힘만으로 기르려고 하면 갈등이 많아져 부작용이 생기기 쉽지만, 아이에게 큰 영향을 끼치는 사람들의 협조를 구하면 적은 힘을 들이고도 잘 기를 수 있다.

37

아이 친구를 자주 만나 부모가 모르는 **아이의 모습**을 찾아내라

우리 이웃에 사는 혜령이 어머니는 초등학교 6학년인 자기 딸을 보고 "우리 딸은 너무 남자애 같아서 걱정이에요."라고 말하곤 했다. 혜령이 어머니는 자기 딸은 여자아이지만 담이 큰 정의파라고 믿고 있었다. 그러나 혜령이 자신은, 자기는 친구들이 하는 빈말도 쉽게 털어내지 못하는 소심한 성격의 소유자라고 말하곤 했다. 언젠가 혜령이는 "저는 친구를 사귀기 전에 저도 모르게 '이 애는 좀 소외된 애 같은데 무시해도 되겠지?' 또는 '저 애하고는 어울려도 괜찮을 거 같은데?' 등의 계산부터 하는 소심한 애"라고 고백한 적이 있다.

이처럼 부모가 생각하는 아이의 성격은 아이가 생각하는 성격과 다른 경우가 많다. 그러므로 공부 잘하는 아이로 기르려면 아이의 성격을 제대로 파악하려는 노력을 해야 한다. 성격별로 공부하는 방법이 다르기 때문이다.

나는 내가 모르는 우리 아이들의 특성을 아이들 친구를 통해서 알게 되었는데, 큰아이는 그림이 많은 책을 보아야 공부가 잘 되고, 작은아이는 깨알 같은 글씨만 있는 책을 봐야 머리에 잘 들어온다는 것이다. 그리고 큰아이는 책상 앞에 앉아서 책을 봐야 이해가 잘 되지만, 작은아이는 침대에 거꾸로 매달려 책을 봐야 잘 읽힌다는 것 등을 알게 되었다. 또 큰아이는 한번 보던 책을 끝까지 다 봐야 다음 책을 읽지만, 작은아이는 이 책 저 책 번갈아 가면서 봐야 이해가 잘 된다는 것도 파악했다. 이처럼 성격에 따라 공부하는 스타일이 다르기 때문에, 아이의 친구들을 통해 부모가 미처 알아내지 못한 특성을 파악해 아이의 특성에 맞게 공부하도록 하면 아이와 갈등 없이 공부를 잘하게 할 수 있다.

나는 맞벌이하면서 교대 근무하는 장점을 살려, 아이들이 유치원 다닐 때부터 가급적 친구들을 집으로 데려오게 했다. 아이들이 친구들과 장난감을 나누어 가지고 놀면서 다투거나 화해하는 과정을 보면서 우리 아이가 얼마나 타인을 잘 포용하는지, 인내심은 어떠하며 집중력은 얼마나 강한지 등을 파악할 수 있었다.

미국 아이들은 부모와 그리 가까이 지내지 못하는 경우가 많아 우리집은 자연스럽게 아이들 친구들의 아지트가 되었다. 그 아이들은 나를 친엄마 이상으로 따랐고, 나는 그런 아이들에게 보너스로 그 또래 아이들에게는 보호자 없이 관람할 수 없는 영화를 같이 가서 관람할 수 있도록 보호자 노릇을 해주었다. 미국은 영화 등급제도가 엄격해 반드시 보호자를 동반해야 하는 영화가 많아 내가 보호자 노릇을 해야만 볼 수 있었던 것이다.

나는 아이들의 친구들과 친해진 후 아이들 문제를 보다 객관적으로 바라볼 수 있게 되었다. 한번은 우리 아이가 고등학교에 올라간 후 수학 시험에서 하나를 틀렸다고 선생님과 급우들 앞에서 시험지를 박박 찢어버린 일이 있었다.

이 사건의 전말을 전해준 아이는 클린턴 케네디라는 이름을 가진 우리 아이의 흑인 친구였다. 이름부터가 거창(?)했던 그 애의 아버지는 변호사이고, 할머니가 대학 총장이었다. 그 애는 자기 이름을 줄여서 C. C로 부르도록 했다. 시험지 사건을 전해주던 C. C는 나에게 “엄마가 아들을 너무 못살게 구니까 모든 애들이 보는 앞에서 시험지를 찢어버린 것이 아니냐?”며 따졌다. 나는 “나는 애들한테 시험 잘 못 봤다고 야단친 적이 없다.”고 말했다. 그러자 지지 않고 “엄마가 칭찬을 너무 안 해주니까 한국 애가 수학을 다 틀리다니 하며 화낼 거라고 생각하는 것 아니냐?”고 반박했다. 나는 “그 애는 원래 이과 체질도 아닌데 수학은 하나쯤 틀려도 된다. 그러니 수학 시험에서 하나 틀렸다고 내가 화를 낼 이유는 없다.”고 설명했다. 그러자 그 애는 “그러면 애들이 우리 엄마가 내 수학 점수를 보면 화가 날 거라는 오해를 하지 않도록 수학에서 한 개 정도 틀려 오면 ‘나는 네가 자랑스럽다(I’m proud of you)’라고 말해주라.”며 해결책을 주었다. 나는 그 애의 말이 당돌하기는 했지만 옳은 것 같아서 받아들였다.

그러자 그 아이는 학교에서 우리 아이들에게 조그만 문제가 생겨도 조르르 달려와 알려주었다. 그리고 지금은 외교관이 돼 워싱턴의 정부 청사에서 일하면서도 내가 미국에 가면 우리 큰아이가 있는 미시간 애나버까지 달려온다.

나는 지금도 우리 아이들이 미국 학교에 쉽게 적응하고 공부에 전념할 수 있었던 것은, 아들 친구 C. C가 내 친구도 되었기 때문이라고 생각한다.

38

칭찬 수위를 조절하라

"아이들은 부모의 칭찬으로 큰다."

맞는 말이다. 그러나 나는 부모의 지나친 칭찬은 아이들을 나태하게 만든다고 생각한다. 자식의 성적이 상위권에 머물고 있는데 계속해서 칭찬을 하면 긴장이 풀려 최상위권이 될 정도로 더 열심히 공부할 의욕을 갖기 어렵거나 잘생긴 외모를 너무 지나치게 칭찬하면 공부보다 화장품이나 장신구에만 관심을 쏟는 등의 부작용을 일으킬 수 있기 때문이다.

나는 방송국에 근무하면서 부모의 지나친 칭찬이 아이들에게 어떤 영향을 미치는지를 많이 보았다. 어린 학생들이 보통 아이들보다 외모가 조금만 나으면 탤런트가 되겠다며 하루도 거르지 않고 방송국 앞에서 진을 치는가 하면, 약간의 가창력으로 가수가 되겠다며 연예 PD들 꽁무니를 쫓아다녔다. 연예 담당 PD들은 귀찮아서 저런 애들 부모는 도대체 애를 어떻게 키워서 저런 짓을 하게 놔두는지 모르겠다며 아이들을 마음껏 무시한다. 한번은 그러한 학생들 중 여중 1학년쯤 된 아이를 붙들고 "왜 탤런트가 되려고 하니?" 하고 물었다. 그 학생은 "우리 엄마가 너 정도면 충분히 탤런트가 될 수 있다고 하셔서요."라고 대답했다. 내가 보기에 그 아이 엄마는 자기 자식의 외모를 과장될 정도로 높이 평가하는 것 같았다. 그러나 차마 "네 외모로는 방송국에서 일하기 힘들어."라고 말해줄 수 없어 "공부를 더 하고 이 다음에 하면 되잖니?"라고 말했다. 그러자 그 아이는 "언제 그때까지 기다려요?"라며 오히려 화를 냈다.

지금은 연예인 뽑는 기준이 달라져 외모보다 끼를 중요시하지만, 내가 방송국에 다닐 때만 해도 연예인 선발에서 외모가 가장 중요했다. 그런데도 수준에 한참 미치지 못하는 아이들이 부모가 "너는 얼굴이 예뻐서 탤런트가 되어야 해." "너는 노래를 잘하니 틀림없이 가수가 될 거야."라고 말했다며, 학교만 파하면 공부를 팽개치고 방송국 앞에 몰려들어 진을 치고 연예 PD들에게 무시를 당했다.

역사적으로 위대한 인물을 키운 부모들은 칭찬을 남발하지 않았다. 그들은 대체로 자식이 칭찬으로 나태해지지 않도록 해야 큰 인물로 키울 수 있다고 믿었다. 우리 친정 부모님도 우리 형제들을 기를 때 칭찬에 인색하셨다. 특히 조금 잘하는 것으로 자만심을 갖지 않도록 오히려 엄하게 경계하셨다. 우리 여동생은 어릴 때부터 한 번도 1등을

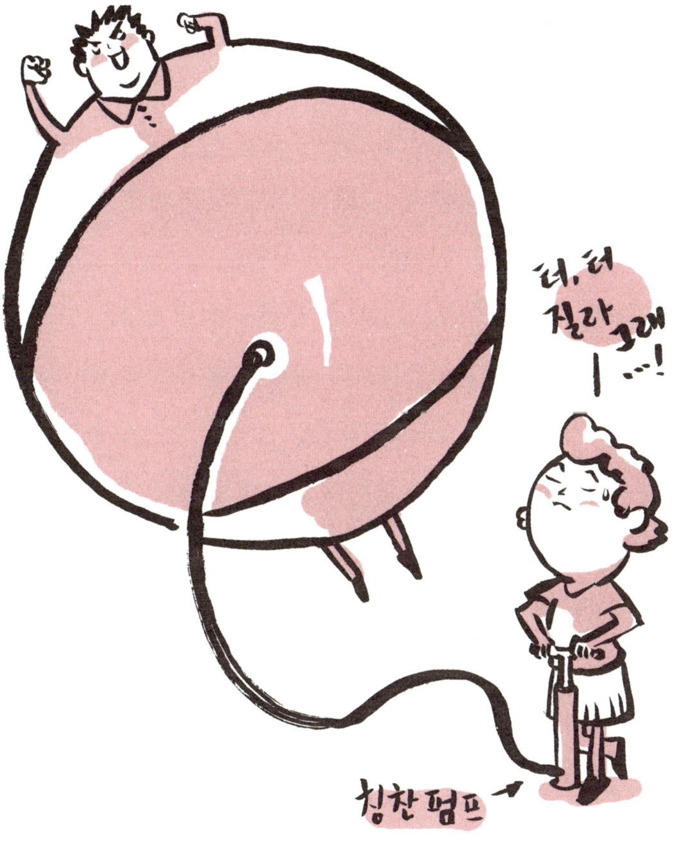
너, 너
잘라 그래
…!
칭찬펌프

놓쳐본 적이 없다. 그런데도 부모님은 "너희 학교에서 1등 하는 건 별거 아냐. 나가보면 너희 학교 같은 학교들이 수두룩해. 그러니 너는 거기서 머물지 말고 더 열심히 공부해야 훌륭한 사람이 될 수 있어."라며 계속 공부에 정진하게 하셨다. 그 결과 동생은 긴장의 끈을 늦추지 않고 공부를 더 많이 해, 국제 무대에서 중요한 일을 하는 대학 교수가 되었다.

나는 부모가 자식에게 칭찬을 남발하는 대신 "너는 왜 그렇게 바보 같니?" "그것도 공부라고 했어?"라고 비난하는 것을 자제하는 것이 더 중요하다고 생각한다. 그래서 나도 우리 아이들이 좋은 성적을 거두면 아주 간단하게 "잘했다."라고 칭찬하고, "너희 외삼촌들은 엄마 없이도 좋은 대학 나와 사법고시에 붙었는데 너희들은 엄마가 이렇게 뒷바라지해주었는데 외삼촌들보다 공부를 못하면 문제가 있는 거지." 라고 덧붙여 자만하지 않도록 제동을 걸었다. 그 결과 우리 아이들은 항상 경쟁 상대를 전 세계로 확대해서 보며 학교에서 좋은 성적을 거두었다고 해서 우쭐대지 않았다.

사람은 긴장이 풀리면 금세 나태해지는 속성을 가지고 있다. 부모가 자식의 능력을 과대평가하고 칭찬을 남발하면 긴장이 풀려 더 이상 노력해야 할 의지가 무너질 수 있다.

아이가 스스로 좀더 열심히 공부하게 하려면 냉정한 기준을 적용하고, 칭찬의 남발로 자기 자신을 과대평가해 나태해지지 않도록 해야 한다.

39

비난을 삼가고 격려하라

우리나라 사람들은 누군가가 잘못을 저지르면 즉각 비난하고 누군가가 뭔가를 잘하면 격려나 칭찬은 생략하는 경우가 많다. 자식에게도 마찬가지다. 그러나 부모의 비난은 자식에게 큰 상처를 주어 성격마저 왜곡시킬 수 있다.

내가 직장에 다닐 때, 아주 예쁘게 생긴 후배 한 명이 항상 코를 가리고 다녔다. 한번은 궁금해서 그 후배에게 "네 코 예쁜데 왜 가리고 다녀?"라고 물었다. 그러자 그 후배는 내 말이 끝나기도 전에 단호한 목소리로 "거짓말 마세요. 제 코 납작하잖아요!"라고 톡 쏘아붙였다. 나는 그 후배가 그토록 단호하게 자기 생각을 말하는 것은 처음 보았기 때문에 매우 민망했다. 후배는 내가 너무 민망해하자 쑥스러운 목소리로 “우리 엄마가 항상 ‘너는 코가 문제야.’ 라고 하셨거든요……”라며 계면쩍게 웃었다. 그 후배는 부모의 “네 코는 너무 낮다.”는 말에 심한 상처를 받았던 것 같다. 부모의 말은 자식에게 절대적인 힘을 갖기 때문에 이처럼 부모가 별 생각 없이 던진 비난도 자식에게는 평생 치료되지 않는 상처로 남기 쉽다.

어린아이는 부모의 보호 안에서만 생존할 수 있다고 믿는 의존적인 존재여서, 부모의 비난과 격려에 민감할 수밖에 없는 것이다. 따라서 아이를 잘 키우고 싶으면 잘못을 비난하기보다 격려에 힘써야 한다. 칭찬이 잘잘못을 냉정하게 따지지 않고 무조건 잘했다고 말해주어 분수를 모르게 만들 우려가 있는 말이라면, 격려는 어려움을 극복하고 진취적인 사고를 갖게 하는 말이라고 할 수 있다.

40대 젊은 나이에 미국의 대통령에 당선되었고 재임까지 성공한 빌 클린턴 전 미국 대통령의 어머니는 미혼모였다. 그 시절의 미혼모는 미국 사회에서 사람 취급을 못 받았다. 게다가 그녀는 여러 번 재혼했으니 그 정도가 얼마나 심했겠는가. 빌 클린턴의 클린턴이라는 성도 그의 친아버지 성이 아니라 의붓아버지 성에서 따왔다고 한다. 그런 그녀가 아들을 세계 최고의 지도자라고 할 수 있는 미국 대통령을 만들고 재임까지 가능하게 만든 비결은 어려움이 닥칠 때마다 어머니가 “나는 네 능력을 믿는다.”는 격려로 키웠던 것이라고 한다.

그 반면에 내 친구 한 명은 아들이 조금만 잘못해도 비난을 일삼더니 끝내 아들의 인생을 망쳐 주변 사람들을 안타깝게 하고 있다. 그 친구의 아들은 중학교 입학 후부터 이성을 사귀며 공부를 등한시했

정말 난 바보일까?

고, 어머니가 집안일을 도와달라고 하면 화분을 깨거나 물을 엎질러 어머니인 내 친구의 화를 돋우었다. 그래서 내 친구는 아들만 보면 입버릇처럼 "내가 왜 저 애를 낳고 미역국을 먹었는지 몰라."라고 말하곤 했다. 자기 친구들이 모인 자리에서도 아들이 조금만 잘못을 저지르면 "내가 그럴 줄 알았어. 웬일로 네가 그 일을 한다고 하더니만. 믿은 내가 잘못이지."라며 혀를 찼다. 나는 그 친구의 그런 행동을 목격할 때마다 그 아들이 받을 상처가 걱정되었지만 남의 가정사에 끼어들기는 어려웠다. 그후 내가 미국 가서 살다가 돌아와보니 그 친구 아들은 반 아이들 돈을 빼앗고 위협해 소년원에 들어갔다고 한다.

내가 이 방면의 전문가가 된 다음 생각해보니 그 친구 아들은 그럴 수밖에 없었다. 어머니의 지속적인 비난은 곧 어머니가 자식을 사랑하지 않는다는 메시지가 된다. 그 아이는 외롭고 무서웠을 것이다. 어머니의 사랑을 찾으려고 여러가지 방법을 시도했지만 오히려 어머니를 괴롭히는 결과만 낳았을 것이다. 그래서 결국에는 인생을 포기하는 상태가 되어 있었을 것이다. 역설적이게도 나는 이 친구를 통해 격려의 중요성을 더욱 잘 알게 되었다. 나는 물론 그 친구 사건 이전인, 우리 아이들이 중·고등학교 다닐 때부터 "그 정도는 너에게 문제도 아닐 거야. 네가 그것을 못하면 누가 하겠니?"라는 말로 격려를 아끼지 않았다. 그 때문에 우리 아이들은 웬만한 어려운 일에는 끄떡도 하지 않는다.

우리 작은아이는 부모의 학비 부담을 줄여주려고 미국에서 대학을 마친 후 학비를 안 내도 되는 프랑스의 대학원에 진학하기 위해 혼자서 파리로 이사했다. 친척들은 이 아이가 뉴욕에서 다시 파리로 이

사한다고 하자 "외국 나가 겨우 자리가 잡혔는데 또 나라를 옮겨?" 하며 걱정을 많이 했다. 그러나 우리 아이는 "옮기는 게 뭐가 어려워요?"라고 말했다. 나 역시 "그래 너도 이제 20대인데 그걸 못하면 말이 안 되지."라는 격려만으로 혼자 아이를 보냈다. 그 결과 혼자 국제 이삿짐을 끌고 파리로 가더니 어느새 파리 사람이라도 된 것처럼 많은 친구들을 사귀고 잘 지내고 있다.

부모의 격려는 자식이 열심히 살아갈 에너지가 된다. 따라서 아이가 성적을 높이기를 원할수록 결과만을 보고 "너는 왜 성적이 항상 그 모양이야?" "누굴 닮아서 그 모양이야?"라고 비난하지 말고, "좋아, 이번에 망친 거 빨리 잊어버리고 지금부터 다음 거 준비하면 다음에는 조금 더 나아질 거라고 믿어."라고 격려하자. 당신이 비난 대신 격려를 많이 하면 아이의 성적은 놀랍게 향상될 것이다.

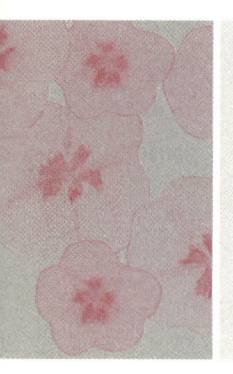

40

잘하는 일에는 과장될 정도로 **감동하는 모습을** 보여주어라

미국의 대표적인 보컬 밴드 중 하나인 '데이브 매튜스'의 리더이자 보컬인 데이브 매튜스는 어렸을 때 노래 잘한다는 칭찬을 들어본 적이 없는 사람이다. 그런데 오직 부모만이 자기가 노래를 부를 때마다 과장될 정도로 감동하는 모습을 보여주어서 노래로 성공했다고 한다.

그가 어렸을 때, 그의 가족들은 저녁식사 후에 한 곳에 둘러앉아 아이들은 노래 부르고 부모는 듣곤 했다. 그럴 때마다 그는 자기 스스로 노래를 만들어 불렀는데, 어느 날 그가 부모님 앞에서 음정이 틀린 노래를 불렀는데 아버지가 흥분한 얼굴로 어머니를 바라보며 "여보, 우리 아들이 정말로 노래를 잘하나봐. 음정이 틀린 노래도 할 줄 아니 말이야."라고 말했다. 그때 데이브는 난생 처음으로 '노래를 잘 부른다.' 는 칭찬을 들었으며, 자기가 노래를 잘 부른다는 자부심을 갖게 되었다고 한다. 그 때문에 자신감이 생겨 점차 노래를 잘하게 되더라는 것이다. 그러자 점차 욕심이 생겨 가족들 앞에서만 노래를 부를 것이 아니라 좀더 많은 사람이 듣는 무대에서 노래를 부르고 싶어졌다고 한다. 그러나 무대 공포증이 심해 무대에 설 용기까지 내지는 못했다. 그런데 어느 날 갑자기 아버지가 "우리 아들이 노래를 잘한다."고 하시던 말씀이 생각나 "우리 아빠가 그러는데 내가 노래를 잘한대."라고 중얼거리자 무대에 설 용기가 생기더란다. 그때의 무대 경험이 그가 미국에서 알아주는 밴드의 리더로서 노래를 부르게 된 출발점이 되었다는 것이다.

그런가 하면 세계적인 희극 배우였던 찰리 채플린은 자기가 재미있는 이야기를 들려드릴 때마다 온갖 시름 다 잊고 마음껏 웃으시던 어머니를 즐겁게 해드리려다 세계 최고의 희극 배우가 되었고, 엘비스 프레슬리는 아들의 노래를 들으며 행복해하시던 어머니를 기쁘게 해드리려다 세계적인 로큰롤 가수가 되었다.

이처럼 성공한 사람들은 대부분 어렸을 때부터 부모의 인정을 받으려고 그 분야를 열심히 갈고 닦아 최고의 자리에 올랐음을 알 수 있다. 이들은 기본적으로 자식이라면 누구나 부모를 기쁘게 해드리려는 욕심을 가지고 있음을 보여준다.

그럼에도 불구하고 당신의 자녀가 부모인 당신을 기쁘게 해주려는 욕심을 보여주지 않는 이유는, 부모인 당신이 자식이 무엇을 하건 전혀 감정을 드러내지 않고 '공부하라'는 닦달만 했기 때문일 것이다. 만약 당신이 아이가 당신을 기쁘게 해주기 위해 노래, 그리기, 악기 연주, 웃기기, 춤 등을 보여줄 때 "공부나 해!"라고 야단치지 말고 과장될 정도로 감동하는 모습을 보여준다면 그 아이는 쉽게 자기의 적성을 발견해 그 방면의 대가가 될 수 있을 것이다.

나도 아이들이 어렸을 때, 유난히 레고 블록 쌓기를 좋아하는 큰아들에게는 "우리 아들처럼 블록을 잘 쌓는 아이는 없을 거야. 어쩌면 그렇게 잘 쌓았니? 예술이다. 예술!"이라며 과장되게 칭찬을 해주곤 했다. 큰아이는 내 칭찬을 들을 때마다 얼굴이 벌겋게 상기되면서 어려운 블록을 쌓아 보여주려고 땀을 뻘뻘 흘리곤 했다. 그리고 대학에서 건축을 전공하게 되었고 재학 중에는 독특하고 창의적인 건물 모형으로 많은 상을 탔다. 그리고 지금도 새로운 건물 모형을 만들면 디지털 카메라로 찍어 엄마인 나에게 보내 평가해달라고 한다.

우리 작은아이는 어릴 때부터 글쓰기를 좋아했는데 아이가 나에게 글을 써서 보여주면 "이렇게 어려운 글은 네 또래에서 너밖에 쓸 수 없을걸? 너는 타고난 작가야."라고 말해주곤 했더니, 고등학교 때부터 책을 냈고 대학 때는 베스트셀러 작가가 되었다. 앞으로는 프랑스 출판사에서 책을 내 엄마에게 보여주겠다며 열심히 글쓰기 연습을 한다.

따라서 나는 아이가 특별히 좋아하는 일에는 부모가 과장될 정도로 감동적인 모습을 보여주어야, 아이의 숨겨진 재능을 발견하고 그 분야에서 성공할 수 있는 길을 열어줄 수 있을 것이라고 믿는다.

피, 피, 피, 피카소…!
흠, 내가 확실히
잘하긴 잘하는 모양이군.
담번엔 ……

41

컴퓨터 게임을 무조건 **막지** 말라

아이들은 컴퓨터 게임에 빠지면 시간 가는 줄 모르고 매달리고, 부모는 공부에 지장을 받는다며 컴퓨터 게임 자체를 못하게 말려 심한 갈등을 겪는다. 하지만 아이들은 게임에 정신이 팔리면 아무리 말려도 그만두지 못한다. 화가 난 어떤 부모는 자식의 방에 있는 컴퓨터를 아예 다른 곳으로 치워버리거나 가위로 코드를 잘라버리는 극단적인 방법으로 말리기도 한다.

그러나 금기가 강하면 호기심도 강해지는 법. 부모가 지나치게 막으면 아이들은 어떤 수단을 동원해서라도 이를 깨고 싶어질 것이다. 부모에게 친구 집에 간다고 거짓말을 하고 PC방으로 달려가는 것도 서슴지 않을 것이다. 지금은 컴퓨터 없이 공부하기 어려운 시대가 되었다. 숙제할 때, 사전 찾을 때, 인터넷으로 검색해야 할 때 등 컴퓨터를 유용하게 사용해야 공부가 쉽다. 또한 최신 컴퓨터 게임에 대해 전혀 모르면 또래 친구들과의 대화에 낄 수도 없다. 부모가 무조건 컴퓨터 게임을 금지시키면 아이들은 공부할 의욕을 잃을 뿐만 아니라 교우 관계에도 지장을 받을 수 있다.

예전 일이지만 우리 옆집에 살던 준영이 어머니는 아들이 컴퓨터 게임 하는 것을 무척이나 싫어했다. 준영이가 고등학교 다닐 때, 컴퓨터 게임 하느라 학원을 빼먹었다며 컴퓨터 코드를 가위로 잘라 동네가 떠들썩할 정도로 아들과 다툰 적도 있다. 컴퓨터 게임을 막는 준영이 어머니의 노력은 눈물겨울 정도로 집요했다. 그런 어머니를 피해 컴퓨터에 매달리는 준영이의 고집도 만만치 않았다. 준영이는 어머니를 피해 친구 집을 전전하며 컴퓨터 게임을 즐겼다. 그 결과 제대로 된 대학을 못 간 것은 물론, 졸업 후 2년이 넘도록 취업을 못해 부모 속을 썩이고 있다고 들었다.

사람은 누구나 자기가 꼭 하고 싶은 일을 타인의 방해 때문에 못하게 되면 감질이 나서 더 하고 싶어진다. 나는 준영이가 딱 그 경우라고 생각한다. 나의 경험으로 보면, 오히려 부모가 준영이에게 컴퓨터 게임을 할 수 있는 시간을 정해주고, 사용 시간을 통제했더라면 공부에 지장받지 않고 적절하게 게임을 즐길 수 있었을 것이라고 생각한다.

우리 아이들이 중학교에 다니던 1990년대 초반부터 컴퓨터 게임은 아이들에게 가장 인기 있는 놀이였다. 아이들일수록 새로운 것에 대한 호기심이 강하기 때문에, 그 당시 집에 컴퓨터가 있는 아이들은 컴퓨터 게임에 빠져 공부를 멀리해 다른 부모들이 자식들에게 컴퓨터 사주는 것을 망설이게 했다.

우리 아이들도 한 살 차의 형제가 같은 방을 사용했기 때문에 두 형제가 시간 가는 줄 모르고 컴퓨터 게임에 빠져 밤을 새우곤 했다. 두 아이 모두 비행기 조종을 좋아해, 돈만 생기면 비행기 이착륙 시뮬레이션 게임기를 사고 실제 비행기 조종 핸들과 페달 모형인 조이 스틱을 사다가 책상 밑에 수북이 쌓아두기도 했다. 아이들 아빠는 걱정이 되어서 "말려야 하잖아?"라고 말하곤 했지만 나는 무언가에 깊이 빠져 있는 사람은 말려도 소용이 없을 뿐만 아니라 말리면 오히려 더 그만두지 못한다는 생각이 들어 일단 실컷 질릴 때까지 내버려두자고 했다.

물론 처음에는 공부는커녕 밥 먹을 생각조차 안 하고 컴퓨터 게임에 빠진 아이들의 장래가 걱정되지 않은 건 아니었다. 그래서 나와 라디오 방송에서 아동 문제를 상담하던 모 대학 아동심리학 교수님께 자문을 구하기까지 했다. 그분은 나에게 좀더 인내심을 가지고 아이들 스스로 게임을 줄일 때까지 기다려보라는 처방을 내려주셨다. 나는 걱정을 접기 어려웠지만 교수님의 충고를 따르기로 했다. 그 충고란 아이들에게 학교에서 돌아오면 숙제부터 할 것, 예습과 복습을 거르지 말고 그것들을 다 마친 다음 게임을 하는 것만 허용하는 것이었다.

그러나 아이들이 자기들끼리 밤잠을 줄이고 게임에 빠지는 것 같았다. 잠이 부족해 수업을 제대로 받지 못하게 돼 아이들의 성적이 눈에 띄게 떨어졌다. 그래서 마음이 많이 흔들렸다. 그러나 교수님은 조금 더 기다려보라고 하셨다. 교수님의 충고를 받아들이기로 한

날 만나기
전에
지켜야 할 약속이야~
…

이상 그냥 참기로 했다. 그런데도 불안감을 완전히 떨칠 수가 없어서 아이들이 밥 먹을 때 아주 무심한 목소리로 "공부하기 싫으면 안 해도 돼. 너희들은 평생 엄마 심부름이나 하며 살면 되잖아."라고 은근하게 협박했다. 그랬더니 아이들은 스스로 생각해도 성적이 너무 많이 떨어졌다고 생각되었던지 슬그머니 게임 시간을 줄이며 성적을 만회하려고 공부를 시작했다. 그러다가 미국으로 전학을 하게 돼 학교 숙제와 영어 익히기가 만만치 않아지자 스스로 컴퓨터 게임을 많이 줄이는 것 같았다. 중학교 3학년이 되자 둘이서 하루 종일 방 안을 가득 채운 조이 스틱을 열심히 치우더니 쓸 만한 것만 챙겨 후배들에게 나누어주었다.

나는 이때의 인내심 덕으로 아이들만 미국에 두고 혼자 귀국해야 했을 때 부모의 통제가 전혀 없는 아이들이 컴퓨터 게임 때문에 공부를 소홀히 할 거라고 의심하지 않아도 됐다. 물론 컴퓨터 세대인 우리 아이들은 대학을 졸업한 지금까지도 컴퓨터 게임을 한다. 큰아이는 전공을 살려 건축 시뮬레이션 게임을 하고, 작은아이는 자기 전공대로 비즈니스 투자 시뮬레이션 게임을 즐긴다. 그러나 게임을 실컷 해보고 스스로 게임 시간을 조절해본 경험이 있어서 자기 일에 지장받을 정도로 게임에 몰두하지는 않는다.

그래서 나는 아이들에게 컴퓨터 게임을 허용하되 시간을 제한하는 것이 얼마나 중요한지를 알게 되었다. 아이들이 정해진 시간에만 게임을 즐기게 하려면, 게임에 빠져 있는 아이에게 "게임 그만 하고 공부 좀 해."라며 감질나게 할 것이 아니라, 정해진 시간에는 일체 간섭하지 말고 게임에 몰두하도록 놔두는 것이 좋다. 그리고 컴퓨터 게임은 연속성이 있어서 중간에 그만두면 다른 것이 머리에 들어오지 않기 때문에 게임 중간에 시간 다 됐다며 중단하라고 요구하지 말고 시간을 약간 연장해서 하던 게임을 마치게 하는 것이 좋다. 시간에 맞추어 중간에 게임을 중단시키면 책상 앞에 앉아 공부하는 것 같아도 머릿속으로는 게임의 결말만을 생각할 것이다. 그 대신 시간 관리를 잘할 수 있도록 정해진 시간보다 게임을 더 해야 할 경우가 생기면 반드시 다음날 사용할 게임 시간에서 빼는 습관을 길러주어야 한다. 아이가 "오늘만 조금 더 할게요."라고 애원한다고 해서 다음날 시간을 제하지 않거나 조금씩 게임 시간을 늘려주면 시간을 정해둔 의미가 없어지게 된다.

컴퓨터 게임은 뛰어난 과학자들이 만든, 두뇌 자극에 도움을 주는 것들이 많아 잘만 활용하면 아이들의 머리가 좋아지게 할 수도 있다.

42

실패는 반드시 분석하고 **넘어가게** 하라

실패 없는 성공은 있을 수 없다. 위대한 과학자도 수많은 시행착오 끝에 하나의 업적을 남긴다. 사람들을 놀라게 할 만한 첨단기술도 이미 수많은 사람들이 저지른 시행착오를 발판으로 만들어진 것이다. 어떤 실수도 시간만 낭비하고 사라지는 것이 아니고, 성공의 디딤돌이 되는 것이다.

그런 의미에서 타고난 머리로 초등학교 때부터 상위권을 차지한 아이들은 실패를 극복해본 경험이 부족해 오히려 크게 성공하는 일이 드물다. 그리고 초등학교 때 공부 잘하다가 중 · 고등학생이 된 후 하위권으로 추락하면 원래대로 회복하기도 힘들다. 부모가 직접 공부를 가르쳐 초등학교 저학년 때의 성적이 높아지면 아이 스스로 공부할 능력만 저하시키기 쉽다. 학년이 올라가면 부모 능력으로는 공부를 시킬 수 없게 되고, 아이는 스스로 공부할 능력을 기르지 못해 부모 자식 간의 갈등만 커질 수 있다. 부모는 공부 안 하는 자식을 탓하고 자식은 실패를 극복하거나, 스스로 공부하는 훈련이 안 돼 부모가 탓하는 것을 부담스러워할 수밖에 없기 때문이다.

반면에 아이의 초등학교 성적이 약간 낮게 나와도 간섭하지 않고 스스로 그것을 극복하게 하면 학년이 올라갈수록 스스로 공부할 능력을 갖추기가 쉽다. 이 경우에 부모는 단지 그때 그때의 실수를 분석해서 같은 실수를 되풀이하지 않도록 해주기만 해도 아이는 점차 성적을 높일 수 있을 것이다. 성적뿐만 아니라 아이가 실수로 집 안의 물건을 깨거나 컴퓨터 등 고가품을 망가뜨렸을 때도 실수의 원인을 분석해 되풀이하지 않도록 하는 것이 마구 야단을 치는 것보다 더 나은 결과를 가져올 것이다.

그런데 나는 가끔 우리나라의 많은 부모들이 자식을 인간이 아닌 거의 신으로 여기는 것은 아닌가 하는 생각을 할 때가 많다. 자식의 조그만 실수에도 절대 저질러선 안 될 일을 저지른 것처럼 무섭게 비난하기 때문이다. 부모들의 비난을 들어보면 아이는 거의 신처럼 실수를 저지를 수 없는 사람이 되어야 하는 것이다. 알고보면 어른들도 하루에 수십 번씩 크고 작은 실수를 저지른다. 경험이 부족하고 지식도 충분하지 않은 어린아이가 실수를 저지르는 것은 너무나 당연한 것이다.

따라서 나는 아이가 실수를 저지를 때마다 "이런 멍청이 같으니라고!" "밥값이 아깝다, 아까워." "그것도 성적이라고 받아왔어? 누굴 닮아서 머리가 그 모양이야?" 등의 말로 야단치는 부모는 아이에게 공부 못한다고 나무랄 자격이 없다고 생각한다. 그들은 자식이 잘되게 하려고 그렇게 야단을 치는 것이라고 말하지만 실제로는 아이를 주눅 들게 만들어 아이가 실수 그 자체가 두려워 공부를 잘하지 못하도록 만드는 행동을 서슴지 않기 때문이다.

정말로 자식이 공부를 잘하도록 키우는 부모는 자식의 실패를 비난하지 않고 실패를 되풀이하지 않도록 격려해준다. 아이의 성적이 내려가도 "그것도 점수라고 받아왔어? 누굴 닮아 그 모양이야?" 하며 비난하기보다 "왜 성적이 내려간 것 같아?" "어떻게 하면 올릴 수 있을 것 같아?" "올리는 것이 가능할 것 같아?"라고 말하면 아이는 성적이 내려간 원인을 분석하고 같은 실수를 되풀이하지 않으려고 노력해 쉽게 성적을 높일 수 있게 될 것이다.

후우~ 실패의 원인
발견—!
공구함

43

어린 자식에게도 예의를 갖추어 대해주어라

"세상에서 가장 소중한 사람은 자식이다."라고 말하는 부모들도 행동으로는 자식을 마치 자신의 의상이나 소품보다 못하게 여기는 것을 많이 본다. 아이의 행동이 마음에 들지 않으면 "내가 너 때문에 못살아!" "너는 왜 태어나 내 속을 썩이니!"와 같은 저주에 가까운 원망도 서슴지 않는다. 부모들은 상대가 자기 몸에서 태어난 분신이기 때문에 당연히 부모의 가슴에 숨겨진 자식 사랑하는 마음을 헤아려 들어줄 것으로 착각해 마음 놓고 폭언을 퍼붓는지도 모른다. 그러나 자식은 부모와 전혀 다른 독립된 인격체이기 때문에, 부모의 예의에 벗어난 폭언을 들으면 그 말 자체만을 해석할 뿐이다.

따라서 당신이 정말로 자식이 당신 인생에서 가장 소중한 사람이라고 생각한다면, 누구보다 예의 바르게 대해주어야 할 것이다. 그런데 많은 어머니들이 자기의 고급 옷이나 액세서리는 장롱 속에 고이 모셔두면서 자식은 함부로 대해 안타까울 때가 많다. 게다가 자식을 업신여기는 부모일수록 공부하라는 잔소리는 더 많이 한다.

공부란 자기의 인생을 소중하게 여기는 사람만이 할 수 있는, 미래를 위한 가장 힘든 투자다. 부모가 자식을 함부로 대하면 자식은 자기 인생을 귀하게 여길 수 없어 미래에 대한 희망을 갖지 않는다. 따라서 자기 인생을 귀하게 여기지 않는 사람은 절대로 미래를 위한 가장 어려운 투자인 공부에 관심을 가질 수 없는 것이다.

정말로 아이가 스스로 알아서 공부를 열심히 해주기 바라는 부모라면 어린 자식이 아무리 귀찮게 굴어도 자신의 장신구보다 못한 대접을 하면 안 된다. 남편이나 아내에게 화가 났는데 직접 당사자한테 화를 낼 수 없다고 해서 아이에게 화풀이를 하거나, 시어머니에게 직접 화를 낼 수 없다고 해서 아이에게 불만을 터뜨리는 것 등은 아이를 업신여기는 태도다.

물론 어린아이들은 에너지가 넘쳐 어머니가 잠깐 한눈 파는 사이 크고 작은 사고를 많이 친다. 체력이 약한 어머니는 아이를 쫓아다니기가 너무 힘들어 자기도 모르게 "왜 태어났니? 왜 태어났어!" 또는 "전생에 무슨 죄를 지었길래 너 같은 애가 태어나서 날 이렇게 괴롭히는지 모르겠다."라는 푸념이 터져나올 만도 하다. 그러나 전문가들은 아직 말을 하지 못하는 어린 아기도 부모의 이런 말을 다 알아듣는다고 주장한다. 따라서 어린 아기에게도 함부로 원망의 감정을 노출시키지 말고, 예의를 갖춰 대해야 자녀를 훌륭한 인물로 길러낼 수 있다.

사실은 우리나라에서도 조선 시대까지만 해도 부모가 자식에게도 깍듯하게 예의를 지켰다. 사대부 집안에서는 어린 자식에게도 반말을 사용하지 않고 '하게체'를 사용했으며, 사랑채에 떨어져 있는 자식의 방을 방문하려면 미리 양해를 구했다. 대를 이어 과거에 급제하고, 오래 명망을 유지한 가문일수록 자식을 깍듯하게 예의를 갖춰 대했다.

그에 비해 요즘 어머니들은 자식에게 예의를 갖추는 사람이 매우 적어졌다. 아이의 방문을 노크도 없이 여는가 하면, 아이가 안 보는 사이에 휴대폰과 일기장을 몰래 검사하며, 아이의 행동을 감시해 갈등을 일으키는 경우가 많아진 것도 그 때문이다.

내가 미국에 있을 때 미국 학부모 중 아이들에게 예의를 갖추는 부모를 많이 만났다. 그런 부모 밑에서 자란 아이들은 대체로 반듯한 인성을 가졌으며 공부도 잘했다. 우리 큰아이 중학교 친구 데이브의 부모는 우리가 국내에 볼일이 있어 잠시 귀국했다가 돌아갈 때마다 공항에 자기네 자동차를 가지고 나와 우리집까지 데려다줄 정도로 우리 가족과 가까이 지냈다. 그래서 우리 가족들은 가끔 데이브 집을 방문하곤 했다.

그러다가 내가 미국 여성들의 살아가는 모습을 책으로 소개하기 위해 미국의 여러 가정을 방문해 인터뷰를 시작하면서 데이브 어머니에게도 인터뷰 대상이 되어달라고 했다. 나는 인터뷰를 마치면 항상 그 집 가족사진도 찍어왔기 때문에 데이브 어머니에게도 가족사진을 찍게 해달라고 부탁했다. 그녀는 나의 부탁을 들어주기 위해 아들인

너를 존중해~
너를 믿어~
너를 사랑해~

데이브에게 정중하게 "같이 사진 찍어도 되니?"라고 물었다. 아이는 간단하게 "노."라고 대답했다. 그러자 데이브 어머니는 두 번 다시 '같이 사진 찍자'고 조르지 않고, 오히려 나에게 양해를 구하고 "남편하고만 사진을 찍겠다."고 말했다. 나는 그 광경을 보며 만약 우리나라의 여느 어머니 같았으면 "손님 앞에서 그게 무슨 짓이야?" 하며 강제로 사진을 찍게 했을지도 모르겠다는 생각을 했다. 그러면서 아들의 의견을 존중해주고 예의를 지키는 데이브 어머니를 통해, 부모에게 존중받는 아이는 경쟁력 있는 인재가 될 수밖에 없을 거라는 생각이 들었다. 데이브는 대학 공부를 마친 후 유엔에 가서 일하기 위해 독일로 유학을 떠났다.

큰아이의 또 다른 친구인 제이슨은 MIT 대학에서 4년 만에 학사와 석사 학위를 받고 샌프란시코의 실리콘 밸리의 잘나가는 IT 회사 부사장으로 취임했다. 제이슨의 어머니는 내가 아이들만 두고 귀국한 후 학교 행사 때마다 우리 아이들을 살펴주고 자주 밥도 먹여준 고마운 분인데, 그녀 역시 아들에게 새 옷을 사줄 때조차 예의를 갖춰 "이 옷 괜찮겠니?"라고 물은 후 제이슨이 좋다고 해야만 샀다.

나는 아이들의 친구와 또 그 부모들 사이의 관계를 보며 역시 공부 잘하는 아들을 만든 어머니는 다르다는 생각을 하곤 했다. 그리고 나도 그들에게 많은 것을 배워 나 역시 두 아들을 좀더 예의를 갖춰 대하게 되었다. 그러자 아이들도 나를 전보다 더 깍듯하게 대했으며 성적도 날로 좋아졌다. 그래서 나는 자식이 아무리 어려도 그가 부모에게 소중한 사람이 받아야 할 예의바른 대접을 받는다면 그 대접에 걸맞는 인재로 자랄 것이라고 믿는다.

어떤 아이도 부모가 자신을 예의 갖춰 소중하게 대해주면 자기 자신을 소중하게 여기게 돼 인생을 바라보는 눈이 긍정적으로 바뀔 것이다. 인생을 긍정적으로 바라볼 수 있는 아이는 부모가 공부하지 말라고 말려도 열심히 할 수밖에 없을 것이다.

44

자식도 회사에서 **결재받는** 것처럼 설득하라

나는 한 친구로부터 부모가 자식을 논리적으로 알아들을 수 있게 천천히 설득하는 것이 얼마나 중요한지를 배웠다. 그 친구는 간단한 설득으로 자기 아들이 가장 하기 싫어하는 일도 전혀 갈등 없이 부모인 자신이 원하는 대로 행동하게 하는 재주를 가졌다. 그 친구에게는 아들 하나, 딸 하나가 있는데, 딸의 성격은 활달했지만 아들의 성격이 숫기가 없어 걱정이 많았다. 그래서 아들에게 적극성을 심어줄 기회를 노리고 있었다. 그러나 아들이 워낙 남 앞에 나서는 것을 싫어해서 속수무책인 것처럼 보였다.

그러다가 좋은 기회가 왔다. 아들이 공부를 잘하고 친구들에게 인기가 있었던지 초등학교 5학년 때 전교 학생회 부회장 후보로 뽑힌 것이다. 그러나 그 아이는 남 앞에 서기가 싫다며, 부회장에 입후보하지 않겠다고 단호하게 말해 부모를 실망시켰다. 특히 학생회 부회장에 출마하면 웅변 학원에 다니며 후보 연설을 연습해야 하는데, 자기는 그것이 정말 싫다고 말했다.

그러나 내 친구는 아이의 성격을 바꿀 수 있는 절호의 기회가 왔음을 알고 이 기회를 잘 활용하기 위해 전략을 짰다. 그 첫번째 전략은 아이가 거부감을 갖지 않도록 차분하게 설득하는 것이었다. 그 친구는 아들이 다른 사람의 성의를 무시하면 안 된다는 강한 신념을 가지고 있다는 점을 활용해 "네가 후보 등록을 안 하면 너를 후보로 뽑아준 친구들을 무시하는 것이 돼."라는 말만 던졌다. 그러자 아이는 고민 끝에 "그럼 당선되지 않도록 연설 연습 안 하고 나가볼게요."라는 반응을 보였다. 그 친구는 몹시 기뻤지만 감정을 자제하면서 "그래 잘 생각했다. 그런데 너무 연습을 안 하면 망신당하지 않겠니? 망신당하지 않을 만큼만 연습하는 게 어때?"라고 말했다. 아이는 다시 고민을 하더니 "그럼 며칠만 웅변 학원에 다녀볼게요."라고 조금 진전된 대답을 해왔다. 그녀는 "그래, 그 정도면 너를 후보로 만들어준 친구들에게 네가 할 도리는 다 하는 셈이지."라고 말해 아이가 눈치 채기 전에 더 이상의 요구는 하지 않았다. 그리고 아이 몰래 웅변 학원 선생님에게, 아이가 제대로 연설할 수 있을 때까지 붙들어주도록 부탁해두었다.

그 결과 친구 아들은 압도적인 표차로 부회장에 당선되었다. 그리고 그러한 경험을 통해 청중 앞에서 말하는 일이 그다지 어려운 일이 아니라는 사실을 깨달았는지 방송반에도 들어갔다. 그러더니 6학년 때는 군소리하지 않고 전교 학생회장에 출마해 당선되었다.

내 친구는 자신의 경험을 통해, 아이들도 부모가 성의를 가지고 설득하면 부모 말을 잘 받아들인다고 말한다. 자식을 설득하는 방법을 터득한 그 친구는 그다지 힘들이지 않고 아들과 딸 모두 원하는 대학에 보냈다. 나는 그 친구뿐만 아니라, 아이를 잘 기른 부모들의 공통점은 아이를 윽박지르지 않고 논리적으로 설득시킨다는 사실을 발견했다. 돌이켜 생각해보면 나 역시 아이들에게 공부를 더 많이 시켜야 하거나 새로운 공부를 하도록 해야 할 때마다 회사에서 결재를 받는 것처럼 설득했던 것 같다.

만약 아이의 공부 문제가 걱정이라면 아이에게 "공부 좀 해." 라고 잔소리하는 것을 멈추고 아이가 해야 할 일을 논리적으로 천천히 회사에서 결재받듯 설득하는 자세를 보이면 아이의 성적은 기대 이상으로 높아질 것이다.

45

칭찬과 꾸중을 **분명히** 하라

지금은 거의 잊혀진 인물이 되었지만, 불과 몇 십 년 전까지만 해도 로큰롤의 황제로 군림한 미국 가수 엘비스 프레슬리는 트럭 운전사 출신이다. 그는 어려서부터 노래를 잘 불러 그의 어머니는 아들의 노래를 듣는 것이 유일한 삶의 낙이었다. 그런데 그가 트럭 운전사로 취직을 하게 돼 어머니에게 노래를 들려드릴 시간이 크게 줄어들었다. 그것을 안타깝게 여긴 그는 어머니가 자기가 어머니 곁에 없을 때도 자기 노래를 들을 수 있도록 어머니 생일 선물로 자비 음반을 만들었다. 그런데 마침 그가 음반회사에서 음반을 만들 때 그곳에 있던 한 음반 제작자가 그의 노래에 반해 그를 발탁해 가수가 되었다. 그로부터 얼마 후 엘비스 프레슬리는 로큰롤의 제왕이 되었다.

아이들은 기본적으로 어머니를 기쁘게 해드리고 싶은 마음을 가지고 있다. 그렇게 하지 않고 반대로 행동하는 이유는 어머니가 자신을 어머니 마음대로 조종한다고 느끼기 때문이다. 미국 메이저 리그를 대표하는 강타자, 볼티모어 오리올스 팀의 새미 소사의 어머니는 아들이 어머니가 싫어하는 일을 하면 분명히 싫다는 태도를 보여주고, 좋아하는 일을 하면 좋다는 것을 행동으로 보여 아들을 자기가 원하는 일로 성공시켰다.

새미 소사는 처음에는 권투 선수로 출발했지만 어머니가 권투하는 것을 싫어해 야구 선수가 되었다. 그의 어머니는 아들이 매일 두들겨 맞고 상처난 얼굴로 집에 오는 것이 싫었다. 그러나 아들이 워낙 권투를 좋아해 노골적으로 말릴 수는 없었다. 그래서 아들이 권투 하는 것이 싫다는 것을 행동으로 보여주었다. 그 행동이란 권투 선수 생활에 대해 단 한마디도 하지 않는 것, 시합에서 이겨도 입도 벙긋하지 않는 것이었다. 당연히 단 한 번도 시합장에 나가 응원도 하지 않았다. 그 결과 새미 소사는 어머니의 그런 무반응이 신경이 쓰여 권투를 그만두고 대신 다른 운동을 하기로 했다. 그 다른 운동이 야구였다. 그의 어머니는 아들이 야구 선수가 되자 시합 때마다 운동장에 나가 응원했다. 그는 어머니의 응원에 힘입어 선수로서 승승장구했으며, 어머니를 기쁘게 해드리려고 홈런을 날릴 때마다 반지에 키스를 하며 어머니에게 승리의 기쁨을 보냈다.

어머니의 분명한 의사 표현이 아들의 진로를 정하는 중요한 나침반이 되듯, 딸에게 아버지도 같은 역할을 한다.

1993년 노벨 문학상을 수상한 작가 토니 모리슨은 몹시 가난한 시골 소녀였다. 그녀는 가계를 돕기 위해 열두 살 때부터 남의 집 청소부로 일해야 했다. 그녀가 취직한 집은 정원수로 둘러싸인 어마어마한 규모의 대저택이었다. 그녀는 난생 처음 보는 음식과 식기, 가죽 소파, 정원수를 보자 그 집에서 일하게 된 것이 행운이라고 생각했다.

그러나 그녀는 주인 여자의 고된 훈련을 받아 청소 솜씨가 날로 늘었지만, 주인 여자는 헌 옷가지를 내주며 점점 더 힘든 일을 시켜 그 모든 것이 신기루임을 알았다. 그리고 갈수록 심해지는 노동에 지쳐 그만두고 싶었지만, 가계를 도와야 하는 처지 때문에 부모님께 힘들다는 말조차 꺼내지 못한 채 계속해서 그 집 청소를 하며 괴로워했다. 육체적인 고통보다 점차 주인 여자가 베푸는 호의에 감사해하는 노예 근성이 생기는 것이 더 싫었다.

그런데 하루는 딸을 눈여겨보던 그녀의 어머니가 헌 옷가지를 들고 집으로 온 그녀를 향해 "너는 헌 옷 얻으러 일하러 가느냐?"고 물었다. 그녀는 용기를 내 주인 여자가 헌 옷을 주며 일을 많이 시킨다는 사실을 밝혔다. 그러자 어머니와 함께 딸의 말을 듣던 아버지는 거기는 그냥 네 일터일 뿐이다. 너는 거기 가서 일을 하고, 일을 마치면 네 집으로 돌아오면 된다."면서 "무슨 일을 하든지 최선을 다해라. 그러나 너에게 일을 시킨 사람을 위해 일할 것이 아니라, 너 자신을 위해 일해라. 그러기 위해서는 일에 휘둘리지 말고, 일을 지배해야 한다. 네가 무슨 일을 하든 그 일이 너를 말해주는 것은 아니다."라고 말했다.

그녀는 아버지의 말을 들은 후부터 자기는 청소부로 늙을 사람이 아니라 앞으로 보다 더 큰 일을 하기 위해 잠시 청소부가 되었을 뿐이라고 생각할 수 있어 마음이 편해졌다.

만약 그녀의 부모가 그녀가 주인집에서 받아오는 헌 옷가지에 현혹돼서 "주인 여자에게 고마워해야지, 그게 무슨 소리야."라고 말했다면 그녀의 미래는 크게 달라졌을 것이다.

자식이 부모가 원하는 일을 하면 확실히 지원을 해주고 부모가 싫어하는 일을 하면 냉정한 태도를 보이면 자식을 갈등 없이 부모가 원하는 방향으로 끌고 올 수 있다.

그러나 부모가 원하는 자식의 장래와 자식이 원하는 장래가 달라 부모 자식간에 '공부해라'의 줄다리기만 하면 자식은 인생의 방향을 잡기는커녕 공부에 대한 흥미만 잃게 될 것이다.

46

부모의 권위를 잃지 말라

우리 아이들은 다른 집 아이들에 비해 엄마인 나와 대화를 많이 나누는 편이다. 그러나 단 한 번도 엄마에게 함부로 말하거나 엄마의 지시를 거역한 적이 없다. 만약 내가 잘못된 지시를 내리면 공손하게 나를 설득해 그 지시를 거두어달라고 부탁한다. 그러나 우리 아이들도 태어날 때부터 부모에게 순종적이었던 것은 아니다. 내가 부모에게 순종하도록 길렀기 때문에 그렇게 되었다. 나는 자식에게 무시당하면 자식을 잘 기를 수 없다고 믿어 아이들이 아주 어릴 때부터 부모의 권위를 침범하지 않도록 무섭게 훈련시켰다.

부모의 권위에 도전하지 않는 훈련은 백일 직후부터 시작했다. 우리 큰아이는 백일이 지난 후부터 낮에 자고 밤에는 자지 않았다.

나는 직장 일에 지장받는 것이 걱정돼 어른들에게 하소연을 해보았지만, 집안 어른들마저 이미 잠자는 시간이 뒤바뀐 아기는 돌이 되기 전까지는 고칠 수 없다는 말씀만 하셨다. 그러나 나는 이에 대한 참고 문헌과 전문가의 도움을 받아, 무슨 수를 써서라도 이 문제를 해결하고 싶었다. 처방은 하룻밤 동안 아이가 스스로 그칠 때까지 실컷 울도록 방치하는 것이었다. 그때 우리집에는 아이 봐주는 아주머니가 상주하고 있었는데, 내가 밤새 울어대는 아이를 방치하자 나를 원망하기까지 했다. 그러나 나는 아이가 금세 숨이 끊어질 듯 울더라도 냉정하게 방치하라는 전문가의 말을 믿고 아주머니를 설득했다. 정말 아이는 금방이라도 숨이 끊어질 것처럼 막무가내로 울어댔다. 여러 번 결심을 무너뜨릴 뻔했다. 그러나 독하게 마음먹고 하룻밤을 내내 실컷 울게 내버려두었다. 그랬더니 다음날부터 거짓말처럼 잠자는 시간이 정상화되었다.

나는 이 경험을 통해 유아들도 부모가 약한 모습을 보이면 이기려고 하지만, 부모가 강하게 대응하면 복종한다는 사실을 깨달았다. 그런데 아장아장 걷기 시작한 우리 큰아이가 나와 시장에 가는 길에 양품점 진열장에 전시되어 있는 꼬마 자동차에 눈독을 들이며 사달라고 생떼를 썼다. 아이가 생떼를 쓰며 큰소리로 울자 창피하기도 하고 남의 이목도 신경이 쓰였다. 그러나 나는 예전에 잠자는 시간을 바로잡았던 기억을 되살려 냉정한 목소리로 "계속해서 생떼를 쓰면 엄마만 집으로 돌아가겠다."고 말했다. 그런데도 아이는 자동차를 갖고 싶은 욕심을 버리지 못해 막무가내로 떼를 썼다. 그래서 나는 "엄마하고 같이 갈래?

싫어요!
......
싫다구요...
.....
어떻게 좀!
......
감사히-!
!

여기서 떼를 쓸래?"라고 최후통첩을 했다. 그런데도 아이는 내 말을 무시하고 더 큰소리로 울어댔다. 그래서 나는 내가 말한 대로 아이가 나를 볼 수 없는 곳에 숨어 30분 정도 울도록 내버려두었다. 그리고 아이가 울다 지친 것 같자 아이 앞에 모습을 드러냈다. 그리고 다시 아이에게 엄마를 따라갈 것인지, 그냥 울고 있을 것인지를 물었다. 그제야 아이는 자동차를 포기하고 엄마와 함께 집으로 가겠다고 했다.

우리 아이는 그날 이후 단 한 번도 자기 고집을 내세워 부모 말을 거역하지 않았다. 그날 얼마나 혼이 났는지 대학을 졸업하고 대학원생이 된 지금까지도 자기가 원하는 물건을 사달라고 할 때마다 "지금 안 사도 괜찮아요. 형편이 풀리면 그때 사주세요."라고 말한다. 우리 큰 아이는 아기 때부터 고집이 세, 그 두 번의 사건으로 아이를 바로잡지 않았다면 엄마인 내가 그 애의 고집에 휘둘리며 엄청난 고생을 했을지도 모른다.

나는 부모가 자식과 친구처럼 막역하게 지내면 부모가 아이에게 무시당하기 쉬워 아이를 잘 기를 수 없다고 생각한다. 아이가 떼를 쓰는 것은 상대방을 고려하지 않고 자기가 원하는 것을 얻기 위해서다. 아기는 타인을 배려할 지혜가 없기 때문에 막무가내로 떼를 쓸 것이다. 아직 사람에게는 동물적 기질이 남아 있어서 상대편이 자기보다 약하면 짓밟고, 강하면 덤비지 않는 속성이 있다. 교육은 인간의 이러한 동물적 기질을 약화시키는 것이다. 그러나 아기들은 아직 동물적 기질이 많이 남은 상태여서 상대가 부모일지라도 약한 모습을 보이면 무시하게 된다. 무시하기 때문에 부모 말을 안 듣는 것이다. 그러므로 부모는 아이의 동물적 기질이 약해지도록 자기 절제와 통제를 가르쳐야 한다.

그러나 인간은 동물보다 약간 더 이성적이어서 무조건적인 강한 모습에는 순종하지 않는다. 타당성을 가지고 통제해야 순종한다. 따라서 부모 자신이 단단한 철학을 가지고 일관된 태도로 통제해야 아이들에게 무시당하지 않는다. 부모가 일관된 철학으로 아이에게 자기 절제와 통제 능력을 길러주면 그것이 공부를 잘할 수 있는 밑바탕이 된다.

공부란 주변에 즐길 것이 많아도 미래를 위해 스스로 포기할 수 있는 자기 희생을 가장 많이 요구하기 때문이다. 그러므로 자식이 스스로 공부하는 아이로 자라기를 바란다면 절대 부모의 권위를 무시당할 행동을 해서는 안 될 것이다.

47

남과 어울리는 방법을 **가르쳐라**

초등학교 입학을 앞둔 아이 어머니들은 대부분 아이가 초등학교에 입학한 후 왕따가 될 것을 염려한다는 말을 들었다. 요즘에는 아이가 하나 혹은 둘밖에 없어, 아이가 학교 가기 전에 타인과 어울리는 방법을 연습할 기회가 없어 그럴 만도 할 것이다.

아이들은 학교에서 공부뿐 아니라 사회 생활에 필요한 사회성과 경쟁력 기르기도 배우게 된다. 그런데 입학 전에 이것을 연습하지 않고 곧바로 학교에 입학하면 낯선 사람들과 부대끼는 것이 힘들어 학교가 싫어지고, 학교가 싫어지면 공부하기도 싫어질 가능성이 높다.

나도 우리 아이들이 타인과 어울리며 정당하게 경쟁하는 것을 연습시키지 못하고 초등학교에 입학시켜 상당히 많은 고생을 했다. 우리집의 연년생 두 아들 나이 차는 겨우 13개월이다. 형제끼리 너무 친해서 유치원 다닐 때까지만 해도 친구가 따로 없어도 둘이 너무 잘 어울려 전혀 문제될 것이 없었다.

그러나 초등학교 입학 후부터 형은 동생처럼 만만한 친구를 만나기 어려워 친구가 없었고, 동생은 형처럼 돌봐주는 친구가 없어 외톨이가 되어갔다. 형제끼리 노는 것에 익숙한 우리 아이들은 또래 아이들이 사귀자고 다가와도 받아들이지 않아 더 큰 미움을 받았다. 힘세고 심술궂은 아이들은 "네까짓 게 뭔데 날 피해?" 하며 때리기까지 했다. 그런데도 애들이 그 사실을 나에게 말해주지 않아 나는 아이들 데리고 미국으로 건너가기 전까지는 전혀 모르고 있었다.

그런데 내가 20년 간 다닌 방송국을 그만두고 미국으로 공부하러 갔다가 일 년 만에 귀국하려고 하자 두 아이가 눈물을 줄줄 흘리며 자기들이 한국의 학교에서 당한 수모에 대해 낱낱이 고백하는 바람에 뒤늦게 그 사실을 알게 되었다. 나는 너무 가슴이 아파 아이들 아빠와 의논해서 아이들을 미국에 남기기로 했다. 그 대신 미국에서까지 그런 일을 당하지 않도록, 공부보다 친구들을 잘 사귀도록 같은 클래스 친구들을 차례로 집으로 초대해 갈비를 구워 먹였다. 그러는 사이 서로 친해져서 갈비 생각이 나면 불쑥 찾아올 정도가 되자 친구 문제가 해결되었다. 이처럼 부모가 일부러 남과 어울릴 기회를 만들어주면 왕따 문제를 크게 걱정하지 않아도 될 것이다.

미국 아이들이 우리집에 스스럼없이 놀러 오게 된 다음부터는 나도 그 아이들은 물론 아이들 어머니들과도 사귀게 되었고, 그들에게서 아이를 교육시키는 방법을 배울 수 있었다. 우리 아이들에게는 특히 유태인 친구가 많았는데 유태인 어머니들은 아이들에게 수수께끼뿐만 아니라 승부가 확실한 게임도 가르쳐 협동과 경쟁 방법을 익힌 다음 학교에 보낸다는 사실을 배울 수 있었다. 그들은 아이가 어렸을 때부터 이기심과 경쟁심을 혼동하지 않도록 페어플레이 정신을 가르치는 것은 물론, 사람은 어차피 항상 경쟁하며 살아야 하고, 경쟁하면 이기는 사람만 살아남는다는 사실도 가르쳐야 한다고 주장했다. 그러나 잊지 말아야 할 것은, 이기면 자기가 이긴 이유를 가슴에 새기고, 패배하면 깨끗이 패배를 받아들이면서 그 원인을 분석하도록 가르치는 것이라고 덧붙였다.

이런 과정을 통해 나는 아이가 스스로 알아서 공부를 잘하게 하려면, 아이들이 학교에 입학하기 전에 타인과 어울리는 방법을 가르쳐야 학교와 쉽게 친해지고 학교와 친해져야 공부를 잘할 수 있음을 깨달았다.

48

새로운 사람을 많이 **만나게 하라**

어느 나라 사람이건 성공한 사람 중에는 형제 많은 집의 대가족 출신이 많다. 아기 때부터 여러 형제 또는 자매들과 경쟁하고, 때로는 협조하면서 인간관계 맺는 방법을 연습할 수 있기 때문이다. 그런데 요즘에는 핵가족 속에서 외동이나 단 두 형제 또는 자매하고만 자란 경우가 많아 별도로 타인과의 관계 형성에 관한 연습을 해야 성공할 수 있을 것이다.

최근의 외동이 부모들의 모임 같은 것은 아이들에게 협동심을 길러주려는 부모들의 뜻을 반영하는 모임이다. 그러나 굳이 모임을 만들어 활동하지 않아도 부모가 이에 대한 관심만 있으면 아이가 어릴 때부터 가능한 집에 손님을 자주 초대하고, 남의 집에도 자주 방문해 다양한 사람들을 만나게 해주는 것만으로도 충분한 연습이 될 수 있다.

내 경험을 고백하자면 나는 연고지가 아닌 지역에서 근무하며 우리와 같은 처지이면서 홀로 지방 근무를 해 객지 생활하는 회사 동료를 자주 집으로 불러 음식을 대접하며 어울렸다. 그 결과 아이들이 우리 회사 동료들과 친해져서 회사 야유회와 등산대회 등에 데리고 가도 전혀 어색해하지 않았다. 우리 아이들은 부모의 회사 동료들과 친구처럼 편하게 지내며 어른들의 세계를 이해하고, 어른들에게 귀여움받는 방법을 터득할 수 있었다.

나는 친정어머니를 일찍 여의었기 때문에 결혼 후 몇 년 간 친정 가족들과 함께 살았는데 자연히 친척들의 발걸음도 빈번했다. 그 당시에는 홀로 되신 친정아버지와 일찍 어머니를 여읜 동생들 치다꺼리하는 것이 힘에 벅찰 때가 많았지만, 지금 생각해보면 우리 아이들에게는 엄청난 자산이 되어 돌아온 것 같다. 우리 아이들은 외할아버지의 해박한 지식을 전수받을 수 있었으며, 외삼촌들에게 자전거 타기, 축구, 탁구 등을 배우며 바로 윗세대 남자들과 대화하고 협상하는 인간관계를 익힐 수 있었기 때문이다. 대학 재학 중에는 나이 차가 가장 적은 막내 외삼촌을 꼬드겨 룸살롱 구경을 갈 정도였다. 이런 식으로 어릴 때부터 윗사람과 어울리는 연습을 많이 해두었기 때문에 지금도 상대방과의 나이 차나 직위 차를 두려워하지 않고 자연스럽게 대할 줄 안다.

나는 아이들의 이러한 경험들이 어린 나이에 미국 학교에서 적응하는 데도 큰 도움이 되었다고 생각한다. 우리 아이들은 미국의 명문 대학을 다니며 책에서나 볼 수 있는 세계적인 명사를 만난 적이 많았지만, 주눅 들지 않고 당당하게 대화를 청해 친분으로 이어진 경우가 많다. 그리고 필요하면 언제든지 교수님 방을 방문해 토론을 벌이고, 시험 본 뒤에 점수가 자기 생각대로 나오지 않으면 쫓아가 따져 점수를 올리기도 했다.

나와 우리 아이들의 경험을 통해, 아이들이 어려서부터 낯선 사람을 많이 접촉하면 새로운 사람을 쉽게 사귈 수 있어 공부하는 데도 큰 도움이 될 것이라고 생각한다. 예를 들면 선생님의 강의 내용이 애매하거나 이해가 잘 안 될 때 스스럼없이 질문할 수 있는 학생과 그렇지 못한 학생의 성적 차는 매우 클 것이다. 그뿐만 아니라 모르는 문제를 전문가에게 물어 해결할 수 있는 사람과 낯선 사람에게 묻기가 두려워 혼자 끙끙 앓으며 시간을 낭비하는 사람간의 경쟁력에는 큰 차이가 날 것이다.

아이들은 보고 느끼는 대로 흡수하는 스펀지 같은 성질을 가지고 있기 때문에, 각각의 사람에게서 받아들이는 정보도 어른들이 상상하는 것보다 훨씬 많다. 다양한 사람들을 많이 만나면 그만큼 공부에 관련된 많은 정보도 얻을 수 있는 것이다. 따라서 아이들이 스스로 공부하게 만들려면, 부모가 발벗고 나서서 아이가 어릴 때부터 다양한 사람들을 폭넓게 만날 기회를 만들어주어야 하는 것이다.

49

혼자 여행하게 **하라**

여행은 책에서 가르쳐주지 않는 인생살이를 직접 몸으로 경험해볼 수 있는 가장 좋은 공부 방법이다. 여행이란 아무도 없는 낯선 장소에 홀로 뚝 떨어져서 스스로 살아가는 방식을 터득해야 하는 과정이기 때문에, 어릴 때부터 혼자 여행을 많이 하며 여러 상황에 부닥쳐 보면 세상 보는 안목과 문제 해결 능력을 부쩍 키울 수 있다.

내가 여행을 중요시한 데는 내 개인적인 건강 문제와 깊은 관계가 있다. 나는 몸이 약한 친정 어머니에게서 태어난 탓인지 태어날 때부터 간신히 숨이 붙어 있을 정도로 몸이 약했다. 지금의 나를 보면 믿지 않을 사람들이 많겠지만, 그때는 몸무게도 적게 나가고 내장 기능도 약해 걸핏하면 병원 신세를 졌다. 특히 멀미가 심해 초등학교 때부터 수학여행은 꿈조차 꿀 수 없었다. 그런 나에게 가장 부러운 사람은, 건강해서 마음만 먹으면 어디든 여행을 다닐 수 있는 사람이었다. 그래서 나는 결혼 후 아기를 낳자 아예 아이를 차에 자주 태워 멀미에 대한 내성을 길러주고, 여행만은 실컷 하도록 만들겠다고 결심했다.

우리 부부는 아이들이 어렸을 때 강원도에서 일했기 때문에 아이들이 아장아장 걷기 시작할 때부터 틈만 나면 아이들을 끌고 들로 산으로 돌아다녔다. 그러자 아이들은 좁은 방 안보다 시원한 계곡에서 가재를 잡으며 노는 것을 더 좋아했다. 작은아이는 몸이 약해 찬 계곡에 들어가면 입술이 파랗게 질렸지만 포기하지 않고 형을 쫓아다니며 놀았다.

아이들이 그런 식의 여행에 익숙해지자 초등학교 2, 3학년 때부터 아이들끼리만 고속버스를 태워 여행을 시켰다. 그때 나는 원주에서, 아이들 아빠는 강릉에서 근무했는데 내가 아이들을 원주 터미널에서 고속버스에 태워 보내면 아이들 아빠가 강릉 터미널에서 데려가는 식이었다. 물론 양쪽 터미널에서 부모가 아이들을 받기는 했지만, 아이들은 고속버스가 달리는 동안 갑자기 화장실에 가야 하거나 멀미가 나는 등의 돌발 사건에 스스로 대처해야 했다. 어린아이들도 닥치면 살길을 찾게 마련이어서, 우리 아이들은 달리는 고속버스를 세우고 소변을 보는 용기를 내기도 했다.

그런 일을 겪는 동안 어려움에 부딪히면 누군가에게 부탁하면 문제를 해결할 수 있다는 것을 알게 되었다. 그리고 낯선 곳과 낯선 사람을 두려워하지 않게 되었다. 아이들이 3, 4학년이 되자 88 올림픽

세계는 넓고,
배울 건 많다~

이 끝나고 정부는 전 국민에게 해외 여행을 할 수 있는 여권을 발급했다. 나는 이러한 기회를 놓치지 않고 1990년에 여권을 발급받았다. 거기다 회사는 창사 이래 처음으로 장기 근속자에 한해서 연 2주 휴가를 주었다. 나는 기다렸다는 듯 2주 휴가 동안 아이들과 유럽으로 떠날 구체적인 여행 계획을 세웠다. 아이들 아빠는 아이들이 너무 어리다며 망설였지만, 나는 우리 아이들은 여행 경험이 충분해 걱정할 것 없다며 500만 원짜리 적금을 깨서 여행을 가자고 우겼다.

여행이 결정된 다음에는 어려운 여건 속에서 떠나는 해외 여행이니만큼 최대한 잘 활용하기 위해 떠나기 전부터 철저히 준비했다. 먼저 청계천 헌책방을 뒤져 유럽 역사책을 샀다. 마침 한 출판사가 망해서 철저한 고증을 거친 24권짜리 아주 잘 만든 유럽 역사 만화전집이 매우 저렴한 가격에 나와 있었다. 나는 24권으로 된 그 책을 사들고 와 아이들에게 그 책을 다 읽고 엄마에게 유럽 역사를 요약해서 들려주면 진짜 비행기를 태워주겠다고 제안했다. 아이들은 실제로 비행기를 타 볼 수 있다는 설렘 때문에 밤잠을 설치며 책이 너덜너덜해질 때까지 열심히 읽었다.

그런데 호사다마라고 저녁때마다 아파트 단지에서 롤러블레이드를 타던 큰아이가 여행 가기 한 달 전에 왼쪽 다리가 완전히 부러지는 사고가 났다. 아이들 아빠는 큰아이를 봐서 여행을 포기해야 한다고 했지만, 나는 큰아이가 여행 이틀 전에 깁스를 풀고 정상적으로 걸을 수 있다는 의사의 진단을 믿자며 예정된 여행을 강행했다.

우리 아이들은 각각 자기 짐을 배낭에 메고 독일, 프랑스, 헝 가리, 스위스, 오스트리아 등 유럽 5개국을 돌았다. 워낙 적은 예산으로 떠난 여행이라서 아이들은 노숙도 해보고 캠핑 텐트를 빌려 열악한 잠자리를 겪어야 했지만 즐겁게 여행했다. 그리고 나도, 아이들 아빠도 적금을 깨고 다녀온 그 여행이 얼마나 큰 가치를 발휘했는가를 두고두고 이야기할 수 있게 됐다. 우리 아이들은 이 여행을 통해 넓은 세상을 보았고, 훗날 미국으로 공부하러 가서도 미국은 그 넓은 세상의 일부일 뿐이라는 당당함으로 미국 아이들과 동등하게 경쟁했다.

나는 여행이 주는 교육적 효과의 매력에 빠져 아이들이 고등학교 졸업하고 대학 가기 전까지 남는 기간에 다시 유럽 여행을 가도록 했다. 미국에서는 5월 초에 고등학교를 졸업하고 9월 초에 대학에 입학하기 때문에 약 4개월의 시간이 남는다. 우리 아이들은 이때 두 명의 미국 친구와 함께 하루 100달러 예산으로 40일 간의 유럽 여행을 했다. 아이들은 하루 100달러의 예산을 맞추기 위해 스위스 인터라켄 역에서 알프스 융프라우까지 올라가는 왕복 전차 요금이 100달러가 넘자 편도로 차표를 끊고 내려올 때는 걸어오는 등 정확하게 예산에 맞게 움직여 제대로 여행을 하고 돌아왔다. 어떤 날은 꼭 보고 싶은 공연을 보기 위해 밥을 굶기도 하고, 간신히 한 사람만 누울 수 있는 싼 유스호스텔에서 묵으며 갖가지 인생 경험을 했다.

그 여행을 마친 후 우리 아이들은 그렇게 좋아하던 비행기 시뮬레이션 게임기도 더 이상 사지 않고 지독한 구두쇠가 되었다. 우리 아이들은 40일 간의 유럽 여행을 통해 자기들이 쓸데없는 물건을 너무 많이 지니고 산다는 사실을 깨닫고, 대학 입학 후부터 그렇게 좋아하던 컴퓨터 게임도 웬만하면 잘 사지 않았다. 우리는 좀 무리해서 이 여행 경비를 투자했지만, 투자 성과는 충분히 거두었다.

그때 우리 아이들과 함께 여행했던 한 친구는 고등학교 졸업 전까지 미시간 주 밖에도 나가본 적이 없었는데, 우리 아이들과의 여행을 통해 세상을 보는 안목이 바뀌어 대학 졸업 후에는 외교관이 되어 멕시코로 떠났다. 그 아이 아버지는 우리 아이들에게 항상 감사하다고 말한다.

우리 작은아이는 파리에서 소르본느 대학을 구경하며 화장실 가는 길에 학교 회랑에 붙어 있는 10세기 전후 학자들의 초상화에 감동받아, 자기도 그 자리에 초상화가 걸리는 사람이 되겠다는 목표를 세우고 공부에 재미를 붙였다고 한다. 큰아이 역시 유럽의 아름다운 건축물에 감동받아 건축학과에서 공부하고, 좋은 성적으로 대학원을 졸업한 후에는 유럽으로 가 일을 하려고 계획하고 있다.

나는 이러한 경험을 통해 아이들이 자발적으로 공부하기를 원하는 부모라면, 아이들이 어렸을 때 혼자 여행을 시키라고 말하고 싶다.

50

신체적 결점을 부끄러워하지 않게 **가르쳐라**

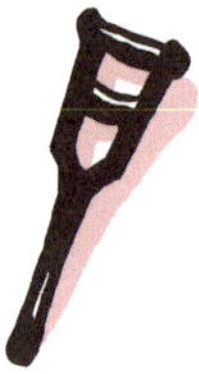

요즘 아이들은 친한 친구 앞에서도 조그만 신체적 결점조차 드러내기 싫어한다. 남보다 키가 작거나 통통하거나 여드름이 많거나 눈이 처졌거나 다리가 굵거나 등의 평범한 결점조차 놀림거리가 될 수 있기 때문이다. 영상 매체의 발달로 사람들의 눈이 영상에 등장하는 완벽한 인간의 외형에 익숙해지면서 이런 일은 점점 늘고 있다.

그러나 감수성이 예민한 어린 학생들이 사소한 신체적 결함으로 친구들에게 놀림을 당하면 공부에 지장을 받는 것은 물론 성격까지 변할 수 있다. 그러므로 부모가 이 문제를 의연하게 대처하도록 해주지 않으면 사소한 문제에 대한 고민으로 공부가 뒷전으로 물러날 수 있다. 자식이 다른 아이들에게 자신의 신체적 결점 때문에 놀림을 당하면 부모가 일일이 따라다니며 놀리는 애들을 꾸짖을 수는 없기 때문에, 아이에게 스스로 타고난 신체적 결점을 부끄러워하지 않고 의연하게 받아들이는 자세를 가르치는 것이 좋다.

아이는 부모의 태도에 따라 자신의 결점도 얼마든지 다르게 바라볼 수 있기 때문에, 부모가 자식의 결점을 대범하게 받아들이지 못하면 아이는 자신의 사소한 신체적 결점을 비관하기 쉽다. 또 자기 결점을 비관하면 자신을 사랑할 수 없고, 자신을 사랑하지 못하면 남에게 사랑받기도 어려워 공부 이외의 일로 시간과 에너지를 낭비하게 된다. 그러나 부모가 자식의 사소한 신체적 결함을 의연하게 바라보면, 아이도 자신의 결점을 대범하게 받아들여 쉽게 극복할 수 있게 된다.

타고난 말더듬이로 신경 쇠약까지 갔던 칼리 사이먼이 그래미 상 수상 가수가 될 수 있었던 것은 어머니 때문이다. 그녀의 어머니는 딸에게 "너 자신보다는 다른 사람들을 생각해보려고 노력하렴. '나와 같은 고민을 가진 다른 사람은 이 문제를 어떻게 생각하는가?' '다른 사람들은 무엇을 불안해하는가?'를 생각해보면 고민을 이기는 것이 쉬워진다."고 말해 그녀는 자기 결점을 극복하고 마침내 그래미 상 신인상까지 받았다.

칼리 사이먼은 나면서부터 말을 더듬는 자기 자신이 부끄러워 친구들에게 이를 숨겼다. 그런데 초등학교 5학년 때 어머니의 충고를 받아들여 친구들 앞에서 말을 더듬는 것을 더 이상 숨기지 않기로 했다. 그녀가 자신의 결점을 감추지 않자 반 친구들은 오히려 그녀의 주변에 모여들었다. 어린 칼리는 그 덕분에 친구를 많이 사귈 수 있었고, 친구들의 도움으로 고등학교 재학 중에 말더듬이 습관까지 완전히 고쳐 마침내 미국 최고 가수가 되었다.

세상에 결점 없는 사람은 단 한 명도 없으며, 자식의 결점은 부모가 어떻게 받아들이느냐에 따라 부끄러운 족쇄가 되거나 남다른 자랑거리가 될 수 있다. 따라서 아이가 "내 코는 왜 이렇게 낮을까?" "내 다리는 왜 무 다리일까?" "내 키는 왜 이렇게 작을까?" "내 허리는 왜 이렇게 굵을까?" 등에 대한 고민 때문에 공부에 지장을 받지 않도록 하려면 아이가 그러한 결점을 의연하게 받아들이도록 이끌어주어야 할 것이다.

51

어떤 행사에 참가하건 **안내 팸플릿**을 **읽고 내용을** 먼저 살피도록 시켜라

공부란 알고 보면 그다지 어려운 것이 아니다. 딱딱한 책상 앞에 정자세를 하고 앉아 쉬지 않고 해야 한다는 선입견 때문에 공부가 어렵게 느껴질 뿐이다. 따라서 생각만 바꾸면 공부는 얼마든지 놀면서 즐겁게 할 수 있다. 놀면서 하는 공부가 책상 앞에 앉아서 억지로 하는 공부보다 훨씬 더 유용하기도 하다.

놀면서 공부할 수 있는 가장 좋은 방법은 어디를 가든지 안내 팸플릿을 읽는 것이다. 예를 들면 극장에서 영화가 시작되기 전에 안내 팸플릿을 읽어두면 영화의 흐름과 영화 속에 담긴 감독의 철학을 쉽게 이해할 수 있다. 또 식품점에서 주는 봉지의 설명서나 안내 책자를 한 자도 빼놓지 않고 읽으면 엄청난 상품 지식과 상식을 얻을 수 있다. 이렇게 하는 공부는 공부라는 생각이 안 들고, 그냥 재미있게 읽을 수 있어서 부담도 없다.

사실 공부란 지혜롭게 사는 방법을 배우고, 잘 살 수 있는 방법을 가장 효과적으로 찾으려고 하는 것이지 사람을 고통스럽게 만들려고 하는 것은 아니다. 따라서 평소에 자기가 하는 일을 제대로 이해하는 것은 공부의 기본이다. 사실 어느 행사에 가서든 그곳에 비치된 안내 팸플릿을 빠짐없이 읽으면 놀랄 만한 지식을 얻을 수 있다.

우리 아이들은 대부분의 상식을 음악회, 미술 전시회, 극장, 식당 등에서 안내 팸플릿을 보고 얻었다. 공연을 보러 가거나 여행을 가면 현판부터 벽에 새겨진 글자들, 그리고 깨알처럼 작은 글씨로 적힌 안내 팸플릿까지 빠짐없이 읽어본다. 양식당에서 와인 병을 보면 병에 적힌 안내문도 꼼꼼하게 읽는다. 안내 팸플릿을 본 다음 그와 관련된 책을 읽게 되면 책 읽기가 훨씬 재미있어진다. 책 읽기에 재미가 느껴지면 공부 잘하는 것은 놀이처럼 간단한 일이 된다.

나는 주변 사람들에게 "우리 아이들이 아는 것이 많은 비결은 어디를 가든지 빼놓지 않고 안내 팸플릿을 읽기 때문이다. 사람이 매일 매일 처리하는 잡다한 일은 무수히 많다. 공연 관람, 외식, 여행, 쇼핑, 요리 등 그 모든 잡다한 일에도 이야기가 있고 상식이 숨어 있다."고 말해준다.

나는 매일 테헤란 로를 거닐면서도 왜 우리나라 강남의 가장 비싼 동네가 테헤란 로로 불리는지를 정확히는 몰랐다. 그런데 지난 여름 방학 때 귀국한 작은아이가 테헤란 로 입구 길거리에 조그맣게 세워

지식은 편하고
즐거운 것!
브로셔
카탈로그
차림표?
안내도
프로그램
팸플릿
-Korea-

져 있는 비석에서 테헤란 로가 사우디아라비아와의 국교를 기념하기 위해 붙여진 이름이라는 설명을 읽어줘 정확하게 알게 되었다.

우리 아이들이 안내 팸플릿를 열심히 읽게 된 이유는, 내가 어디를 데리고 가든지 "너희들이 안내책 보고 설명해봐."라고 말해왔기 때문이다. 나는 근시 때문에 오랫동안 콘택트렌즈를 사용해 작은 글씨를 읽으려면 눈물이 나곤 했다. 그래서 아이들이 글을 깨친 다음부터 아이들에게 안내문을 읽어달라고 했다. 우리 아이들은 다투어 안내 팸플릿을 읽었고 그때그때 나에게 공연 내용과 버스 노선 등을 알려주었다.

아이들이 초등학교 4학년, 5학년 때 유럽으로 가족 배낭 여행을 떠났을 때는 기차를 탈 때마다 "너희들이 어떤 기차를 타야 하는지 알아와."라고 말했고, 관광지에서는 "엄마는 영어 못해. 너희들이 영어 배웠으니까 가서 이 궁전은 언제 지은 것인지 알아와."라고 말해 아이들이 관광 안내소에 가서 안내 팸플릿을 받아 내용을 대충 해석해서 설명하도록 했다. 아이들 아빠는 워낙 외국어 실력이 미약해 싫어도 아이들 뒤를 따라다닐 수밖에 없었다.

우리 아이들은 어느새 '무슨 일을 시작하기 전에 반드시 안내 팸플릿을 읽어야 한다.'는 습관을 길렀다. 그래서 지금도 음악회나 미술관에 가면 거기에 있는 모든 안내 팸플릿을 다 읽은 다음에 관람한다. 이러한 습관들이 독서 습관으로 이어져 공부와 연결되었다. 하나의 이론을 배우면 언젠가 안내 팸플릿에서 본 내용과 연결시켜 어른들 못지않은 자기 의견을 만들어내기도 했다. 그래서 우리 작은아이는 자기가 쓴 책에서 공부는 길거리에서 얻은 지식을 토대로 해야 탄탄해진다는 주장을 펴기도 했다.

요즘 젊은 어머니들은 아이의 시야를 넓혀주기 위해 아주 어린 아이들까지도 공연 관람과 해외 여행 등을 데리고 다닌다. 그러나 대부분의 어머니들이 자기 자신이 안내 팸플릿를 읽어보고 아이들에게 설명해주려고 애쓴다. 그러나 아이들은 호기심이 많아서 글자만 읽을 수 있으면 안내 팸플릿를 읽고 부모를 안내하라고 하면 몹시 좋아한다. 또 이런 경험을 통해 글을 읽는 일에 쉽게 재미를 붙일 수 있다. 아이들이 직접 읽고 안내하도록 하는 것과 비교할 때 결과에서 많은 차이가 날 것이다.

또한 아이들은 이런 경험을 시키면 '글이란 우리에게 유용한 것' 이라는 사실을 체험하는 동시에, 읽는 습관이 길러져 굳이 고민하지 않아도 공부를 잘하게 될 수 있다.

52

재래시장에 자주 가게 하라

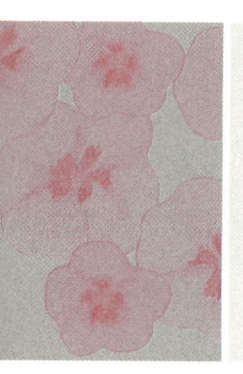

사람은 듣는 것보다 보는 것을 더 오래 기억한다. 내 생각이 아니라, 뇌신경 연구학자인 하버드 대학의 골드만 박사 등의 실험 결과다. 그는 사람의 기억 장치는 모든 내용을 그림으로 전환해서 저장하는 시스템으로 되어 있어, 귀로 듣는 것보다 눈으로 보는 것을 더 오래 기억할 수 있다고 주장해 학계의 호응을 얻었다. 그는 두뇌가 형성되는 시기인 아기 때 입력되는 그림들은 기억의 기저를 이루기 때문에 인성에 큰 영향을 미친다고 말한다. 따라서 아기 때 적당히 시각을 자극해 주면 두뇌를 좋게 할 수 있다.

그러나 지나치게 자극적이고 인공적인 자극은 두뇌를 좋게 하기보다 신경질이 늘게 하므로 조심해야 한다고 한다. 따라서 가장 효과적으로 아기의 뇌를 자극하려면 여러 사람들이 살아가는 다양한 모습을 보여주는 것일 것이다.

다양한 사람들의 살아가는 모습을 보여주기 가장 좋은 곳은 재래시장이다. 요즘의 젊은 어머니들은 아기 데리고 장보러 가기가 힘들어 편리한 대형 마트나 슈퍼마켓 등을 선호하지만, 아이를 위해서라면 가끔은 재래시장으로 발길을 옮겨보는 것도 좋을 것이다. 재래시장은 적당한 자극을 주는 인간의 다양한 모습을 볼 수 있는 곳이어서, 아이가 아닌 어른들도 현대식 시장보다 볼거리가 더 많다. 해외 여행을 많이 해본 사람들이 반드시 현지의 재래시장에 들르는 것도, 재래시장이야말로 그 나라의 문화를 알 수 있는 곳이기 때문이다.

나는 직장에서 교대 근무를 했기 때문에 아이들을 데리고 재래시장에 갈 기회가 많았다. 우리 아이들은 시장통 아줌마들이 생선을 잘라 파는 모습과 고기를 자르며 생긴 푸줏간 아저씨의 알통, 물건 나르는 청년들의 이마에서 뚝뚝 떨어지는 땀방울을 눈여겨보며 즐거워했다. 나는 우리 작은아이가 어릴 때는 방 안에 틀어박혀 책이나 읽고 친구들하고 어울리기도 싫어하더니 대학 입학 때 경영대학을 선택해서 '무슨 바람이 불었지?' 하고 의아해했는데, 이 아이가 대학을 졸업하고 펴낸 《나는 맹수의 눈을 갖게 되었다》라는 산문집에서 동대문 시장 사람들의 경쟁력에 대해 언급한 것을 보고 어릴 때 보았던 재래시장의 인상이 머릿속 깊이 자리 잡고 있음을 알게 되었다.

우리 작은아이는 지난 겨울 대학 졸업 후 국내에 머물면서 직접 동대문 시장을 돌며 장사하는 방법을 배웠다. 나는 이 아이가 미국의 명문대를 우수한 성적으로 졸업했다는 사실보다, 시장 사람들의 인간적인 면모와 살아가는 방식을 이해할 줄 아는 자립심 강한 청년으로 자란 것이 더 기뻤다.

그래서 나는 요즘 젊은 어머니들이 아이들을 비싼 놀이공원이나 공연에만 데리고 가는 것이 안타깝다. 어린아이들에게 놀이공원의 인공적인 편리함과 재미가 주는 시각적 자극도 전혀 의미가 없는 것은 아니겠지만, 시장 속에서 직접 다양한 삶을 체험한다면 경쟁력과 자립심을 기르는 데 더 큰 도움이 될 것이기 때문이다.

○○시장
있어야
할건 다 있구,
없을 건 없다~♪

53

돈의 속성을 터득하게 하라

부모가 자식에게 공부 열심히 해 좋은 대학에 가라고 성화를 대는 것은, 아이들이 자라서 돈 잘 벌고 편안하게 살기를 바라기 때문일 것이다. 그러면서도 아이들이 부모에게 돈 이야기를 꺼내면 "돈 같은 건 신경 쓰지 말고 공부나 열심히 해."라고 말한다. 그러나 자본주의 사회에서 돈의 속성을 모르면 공부를 잘해도 잘살기가 어렵다. 일류대 출신 중에 평생 가난하게 사는 사람이 제법 많은 것도 그 때문이다. 돈의 속성을 알면 사회 생활뿐만 아니라 학교 공부에도 도움이 되므로 아이들에게 돈의 속성을 가르치는 것은 중요하다.

아이들에게 돈의 속성을 가르치려면 어려서부터 가게에 가서 직접 물건을 구입하도록 시키는 것이 좋다. 거스름돈을 주고받는 사이 계산 능력이 길러지고, 물건이 어떻게 생산돼 소비되는지에 대한 경제 흐름을 이해할 수 있게 될 것이다. 또한 같은 돈을 주고도 더 좋은 물건을 살 수 있다는 경제 원리를 익히고, 상품도 어떤 걸 먼저 사고 나중에 사야 하는지 등의 소비 형태도 이해할 수 있게 될 것이다.

나는 우리 아이들이 수 개념이 약해 유치원 다닐 때부터 구멍가게에 가서 라면이나 양파, 소금 같은 것을 사오라는 심부름을 많이 시켰다. 처음에는 숫기가 없어서 라면을 사오라고 했더니 뒤뚱거리며 가게 앞까지 갔다가 말도 꺼내지 못하고 그냥 돌아오곤 했다. 그때 우리는 언덕 위 축대가 높이 쌓인 집에서 살았는데, 나는 담장 위로 올라가 아이들이 가게 앞에서 어떻게 행동하는지를 지켜보고는 아이가 가게에 들어가지 못해 빈손으로 돌아오면, 아이가 힘들어하는 것을 못 본 척하며 다시 다녀오라고 했다. 그런 일이 반복되자 아이들은 빈손으로 돌아가면 어차피 또다시 가게까지 가야 한다는 생각이 들었는지 용기를 내 물건을 사 들고 왔다. 나는 항상 거스름돈이 필요한 큰돈을 들려 보냈고, 아이에게 거스름돈을 확인해서 받아오라고 했다. 그 결과 주산학원에 다니지 않고도 셈이 빨라져 산수 공부에 많은 도움이 됐고, 낯선 사람을 두려워하지 않는 담력도 길러져 수업 시간에 선생님 설명이 잘 이해되지 않으면 곧바로 질문해 문제를 해결할 수 있게 됐다.

그후 나는 집안 형편 때문에 고등학교 다니는 아이들만 미국에 두고 혼자 귀국하면서 아이들에게 신용 카드를 맡기고 주어진 예산 안에서 먹고 살아보라고 했다. 그러자 아이들은 매달 가계 예산을 세우고 그 범위 안에서 살려고 노력해, 나와 같이 있을 때보다 더 적은 돈으로 더 살림을 잘했다. 우리 아이들은 이 과정을 통해 적은 돈으로 더 좋은 물건 사는 법을 배웠고, 돈이란 쓰기에 따라 몇 배 값지게 쓸 수도 있고 먼지 날리듯 허무하게 낭비할 수도 있다는 사실도 깨달았다고 말한다. 그리고 대학에 입학한 후에도 경제 관념이 철저한 미국 아이들에게 꿀리지 않고 잘 어울릴 수 있었다.

나는 미국으로 가기 전에는 미국 아이들은 수학을 못할 것이라고 생각했다. 그러나 미국의 수학은 대부분 투자에 관한 것이어서 차근차근 돈의 흐름을 이해하게 만들어져 있었으며 수학을 통해 돈의 개념도 배운다는 것을 알았다. 그 때문인지 미국 사람들은 어릴 때부터 돈에 대한 철학이 확고하다.

미국에 있을 때 나는 우리 아이들과 친구들이 졸라 다섯 명의 아이들을 데리고 보호자 동반이 필요한 'R' 등급의 영화를 보러 간 적이 있다. 나는 한국식으로 생각해 아이들 친구들이므로 영화 티켓 값은 당연히 보호자인 내가 내야 한다고 생각해 별 생각 없이 아이들의 티켓을 구입했다. 우리는 즐겁게 영화를 봤고, 나는 내 돈으로 영화 티켓 끊은 일을 까맣게 잊었다.

그런데 다음날 아침, 학교에 등교해야 할 아이들이 갑자기 우리집으로 몰려왔다. 나는 어안이 벙벙해서 웬일이냐고 물었다. 그랬더니 아이들은 영화 티켓 값을 동전까지 계산해서 봉투에 넣어 들고 왔다. 내가 "내가 너희들에게 영화를 보여준 것이니 그 돈을 나에게 주지 않아도 된다."고 말하자 그 애들은 이해할 수 없다는 듯 "왜요?"라고 물었다. 내가 친구의 엄마니까 그 정도는 해줄 수 있다고 말하자, "우리

돈이 보이니
세상이 보인다!

는 당신에게 공짜로 영화를 얻어볼 만한 일을 한 적이 없다."고 잘라 말했다.

나는 그 애들의 태도에 머리를 한 대 맞은 것 같았다. 그 애들은 이미 자기들의 용돈은 자동차 세차를 하거나, 이웃집 노인들의 심부름을 해주어 벌고, 자기가 쓴 돈은 자기가 낸다는 확고한 사고방식을 가지고 있었다. 부모는 자식이 돈을 달라고 하면 반드시 무엇에 쓸 것인지를 설명하는 제안서를 내도록 해, 어려서부터 철저한 경제 관념을 갖도록 가르쳤다. 아이들은 용돈 이외의 돈을 받아 새로운 물건을 사려면 그 물건이 왜 필요하며, 그만한 돈을 들일 가치가 있는 물건인지를 적어서 제출해 부모를 이해시켜야만 돈을 탈 수 있었다.

나는 그동안 국내는 물론 미국에서도 상당히 성공한 사람들을 많이 만났는데, 그들은 대부분 다른 사람들보다 일찍 돈의 가치를 깨달았다고 말했다. 일찍부터 돈의 속성을 배우면, 왜 공부해야 하는지를 쉽게 이해할 수 있고 공부를 잘하는 것이 왜 돈을 많이 버는 일과 관계가 깊은지도 이해할 수 있기 때문인 것 같다.

따라서 당신도 아이들의 공부 문제를 해결하고 싶으면 돈의 속성부터 가르치는 것이 좋을 것이다.

54

용돈을 통제하라

몇 년 전, 서울 강남에서 유치원에 다니는 어린아이가 백화점에 100만 원짜리 수표를 들고 와 장난감을 사갔다는 신문 기사가 나 화제를 모았다. 최근에는 이곳에 어린이 명품관이 생겨 돌 지난 어린아이 재킷 하나 값이 수백만 원을 호가한다는 뉴스가 들려온다. 그런가 하면 부잣집 아들이 수억 원짜리 외제 자동차를 타고 달리다가 교통사고를 냈다는 소식도 심심치 않게 들을 수 있다. 모두 자식들에게 너무 많은 돈을 주어 문제라는 지적들이다. 그렇다고 해서 자식에게 용돈을 적게 주는 것도 문제인 것 같다. 언젠가 대법원 판사 자녀가 부모가 용돈을 너무 적게 주자 스스로 용돈을 해결하려고 대입 대리 시험을 보다가 들켜 쇠고랑을

차 화제에 오른 것을 보면 말이다.

자기 자식에게 용돈을 어느 정도나 주는 것이 적당한지 판단하기는 쉽지 않다. 그러나 나의 경험을 빌리자면, 아이들 용돈은 아예 어렸을 때부터 아이들이 원하는 것보다 좀 적게 주는 습관을 길러주면 그리 큰 문제가 되지 않는 것 같다. 나는 우리 아이들에게 항상 약간 모자라는 수준의 용돈을 주었는데, 아이들에게 돈이 많으면 즐길 수 있는 일이 많아 공부에 전념할 수 없다고 생각했기 때문이다.

우리 아이들이 초등학교 고학년이 될 무렵, 가정용 컴퓨터의 보급률이 늘면서 컴퓨터 게임이 유행하기 시작했고, 아이들은 나에게 새로 나온 게임인 '삼국지'를 사달라고 졸랐지만 나는 컴퓨터만 사주고 나머지 문제는 스스로 알아서 해결하라고 냉정하게 거절했다. 그러자 자기가 하고 싶은 일은 반드시 해보아야 직성이 풀리는 작은아이가 명절에 친척들로부터 받은 세뱃돈을 아껴두었다가 용산 전자상가에 가서 '삼국지' 게임을 싸게 사 반 친구들에게 적당한 이윤을 붙여 팔아 스스로 용돈을 벌기 시작했다. 당시 우리집은 여의도에 있었는데, 작은아이 반 친구들은 여의도와 신길동, 당산동 같은 곳에 살아 용산까지 컴퓨터 게임을 사러 가려면 엄마에게 따로 허락을 받고 학원을 빠져야 하는 등 복잡한 문제가 많이 따랐다. 그래서 우리 아이가 하는 컴퓨터 게임 장사가 제법 잘 되었던 것이다.

작은아이는 스스로 돈을 벌어보더니 그때부터 절대 돈을 함부로 쓰지 않는다. 재미있는 것은 내가 용돈을 적게 주어 초등학교 고학년 때부터 장사 경험을 쌓은 일이 대학 입시에 유리하게 작용한 것이다. 우리 작은아이는 이때의 경험을 뉴욕대 비즈니스 스쿨 입학 원서의 에세이에 썼는데, 나중에 알고보니 그 학교 지원자들은 이미 유치원 때부터 장사를 시작한 아이들도 많았고, 비슷한 성적이라면 장사 경험이 있는 아이들이 합격될 확률이 높았다.

그후 나는 미국에 아이들만 남기고 혼자 귀국하면서 아이들에게 한 달 동안의 생활비를 미리 예산을 짜서 결재를 받은 후 사용하도록 했다. 우리 아이들은 살림을 해야 했기 때문에, 나에게 돈을 타 쓸 때보다 더 적은 용돈을 쓸 수밖에 없었다. 공부 이외의 일에 돈을 쓸 수 없게 된 것이다. 그 결과 부모의 통제 없이 자기들끼리 살면서도 공부에만 전념할 수 있게 되었다.

미시간대에 다니던 큰아이는 학비 이외의 잡비가 부족해 방학 때마다 한인들을 상대로 영어를 가르치고, 학기 중에는 교수님들의 조수 노릇을 해 건축학과 실기에 필요한 비싼 종이와 연필, 모형 재료비를 스스로 해결했다. 그래서 친구들과 어울려 바에 가거나 공부를 팽개치고 한인 노래방을 가는 등의 일은 상상조차 못했다고 한다.

그런데 큰아이 학교에는 한국에서 유학 온 학생들이 단체로 밴을 빌려 미시간의 애나버에서 4시간 정도 달려 시카고에 있는 노래방으로 놀러 가는가 하면, 자동차로 3시간가량 가야 하는 캐나다의 윈저로 카지노 게임을 하러 가는 학생들이 있다며 부모가 용돈을 많이 주어서 그런 것 아니냐며 혀를 찼다. 뉴욕에서 공부한 작은아이 역시 뉴욕에서 가까운 뉴저지의 나이트클럽에 한국에서 유학 온 학생들이 바글바글하다는 말을 들었다며, 부모들이 아이들에게 돈을 많이 주면서 유흥가를 드나들지 말라고 충고하는 것은 무의미하다고 말한다.

'세 살 버릇 여든까지 간다.' 는 말이 있듯 어렸을 때 형성된 소비 습관은 평생 간다. 그리고 어려서 만들어진 습관은 중간에 바꾸기가 어려워 어려서 돈을 함부로 쓰게 내버려두었다가 대학생이 된 후 용돈을 줄이면 습관이 고쳐지기는커녕 반발만 커질 것이다. 미국 중산층 부모들은 나보다 훨씬 지독하게 자식들의 용돈을 통제한다.

우리 작은아이 친구인 조슈아는 부모가 모두 대학 교수이며, 외할아버지는 맨해튼에서 변호사를 400명이나 고용하고 있는 법률회사 대표지만 아이에게 정해진 돈 이외의 용돈을 준 적이 없다고 한다. 그들은 아이가 돈이 필요한 이유를 분명히 밝혔을 때 그 이유가 타당하면 요구한 돈보다 약간 줄여서 준다고 말했다. 나는 조슈아 할아버지의 초대를 받아 함께 저녁 식사를 한 적이 있는데, 그분은 아이가 칭찬받을 일을 하면 비싼 레스토랑에 데리고 가거나 좋은 옷을 사줄 수는 있지만 현금은 주지 않는 것이 좋다고 말했다.

할아버지의 영향으로 그 애 부모도 아이의 용돈을 엄격하게 통제했다. 그래서 조슈아는 미시간대 음대에 다니는 동안 방학 때마다 유명한 음악가와 음대 지망 고교생을 위해 여는 세계 음악 캠프에 참가하는 학생들을 보살피는 아르바이트를 하면서 일 년 용돈을 벌곤 했다. 그 캠프장은 말이 캠프지, 거의 외딴 곳에 학생들만 모아놓은 수용소 같은 곳이었다. 그런데 조슈아는 방학 내내 거기서 먹고 자며 용돈을 번 것이다. 그 일로 일 년 용돈이 모두 해결되지 않으면, 학기 중 주말에 모텔에서 침대를 정리해주고 한 시간에 6달러의 급료를 받아 용돈에 보탰다.

조슈아 역시 미시간대 음대를 다닐 때 정치 커뮤니케이션을 부전공하면서도 우등으로 졸업하고 줄리어드, 메네스 등의 유명 음대에 모두 일부 장학생으로 합격했지만, 전액 장학금과 용돈까지 지원하는 보스턴 음대 대학원으로 갔다. 그리고 방학 때마다 메트로폴리탄에서 일자리를 줄 만큼 실력을 인정받아, 머지않아 테너 가수로서 그의 이름이 크게 오르내릴 가능성이 보인다.

나는 나의 경험과 우리 아이들 친구들의 부모님을 만나면서, 아이를 위해서는 용돈을 통제해 스스로 자립 정신을 키우고, 자신의 행동에 대해서 책임질 줄 아는 아이로 자라도록 뒷받침해주는 것이 무엇보다 중요하다는 사실을 깨달았다. 자신을 절제할 줄 아는 아이가 누구보다 공부를 잘할 것임은 두말할 필요도 없다.

55

자식이 부모의 능력을 과대평가하게 만들지 말라

언젠가 거리를 청소하는 미화원이 대학생 아들과 함께 텔레비전에 출연한 적이 있다. 그 아들은 새벽마다 아버지의 청소 일을 도와 화제가 되었다. 그 아들은 얼굴도 잘생기고 명문대 학생이었다. 그러나 그 학생이 기특한 것은 명문대 학생에 잘생긴 청년이어서가 아니라, 보잘것없는 직업을 가진 왜소한 외모의 아버지를 부끄러워하지 않고 자랑스러워하는 모습 때문이었다.

나는 그들 부자가 나란히 나온 텔레비전 화면을 보면서, 아버지가 아들을 참 잘 키웠다는 생각을 했다. 아버지보다 잘난 아들이 아버지의 보잘것없는 직업을 귀하게 여길 수 있는 것은 아버지가 아들에게 자신의 직업에 대한 자부심과 자신의 처지를 숨기지 않고 떳떳하게 보여주었기 때문이다. 그리고 부모가 자식에게 자신의 일을 사랑하는 모습을 보여줄 때, 자식도 자신의 본분인 공부를 열심히 할 수밖에 없음을 그들 부자가 확인해주는 것 같아 흐뭇했다.

그런데 나는 그동안 많은 부모들이 자식을 부모보다 나은 삶을 살게 해주려고 집안 형편이 기울어가는데도 자식에게 알리지 않고 "너는 아무 걱정 하지 말고 공부만 해라."라고 말하는 모습을 참 많이 보았다. 미국에 아이를 유학 보낸 부모 중에는 IMF 위기 때 자식이 충격을 받을까봐 회사에서 쫓겨난 사실을 솔직하게 밝히지 않았다가 도저히 감당할 수 없게 되자 뒤늦게 통보하고 자식들로부터 심한 원망을 듣는 모습도 보았다. 자라면서 부모로부터 단 한 번도 부모의 처지를 자세히 들어본 적이 없는 어떤 자녀는 갑작스런 부모의 실패 소식을 듣고도 부모를 측은하게 여기기는커녕 원망하며 공부도 하지 않고 자신을 괴롭히는 파괴적인 행동으로 주변의 눈살을 찌푸리게 하기도 했다.

부모가 자식에게 자신의 처지를 제대로 밝히지 않고 마치 신이라도 되는 것처럼 모든 문제를 해결해주면, 자식들은 공부를 열심히 하는 것이 아니라 되려 공부를 적당히 해도 부모가 자신의 미래를 책임져줄 것이라고 착각하기 쉽다. 자식이 자기 부모의 능력이 남보다 탁월하다고 믿으면 미래를 걱정할 필요가 없기 때문에 미래에 대한 투자인 공부 때문에 하고 싶은 것을 미룰 필요가 없어지는 것이다. 따라서 자기 자신을 위해 공부한다고 생각하지 않고, 마치 부모를 위해 공부하는 것으로 착각해 더 공부를 안 하게 될 것이다.

그런 이유로 나는 아이들이 어릴 때부터 가급적 집안의 재정 형편을 자세히 설명해주었다. 나는 아이들을 미국으로 데리고 가기 전에 학비가 많이 들 것을 대비해 시골에 작은 과수원을 사두었다. 그 당시에는 부동산 시세가 좋아 그것을 팔면 비싼 학비도 충분히 감당할 수 있을 것으로 보였다. 그런데 갑자기 경제 위기가 닥쳐와 원하는 시기에 땅을 팔지 못하고 학비에 쫓겨 헐값으로 팔게 돼, 그 다음 학기부터 학비 챙기기가 어렵게 되어버렸다. 그때 나는 아이들에게 집안 형편을 자세히 설명해주었다. 그러자 아이들은 기꺼이 돌아가면서 휴학을 하고 집안 형편이 호전될 때까지 기다리겠다고 했다. 그리고 생활비를 늦게 부치면 "너무 걱정하지 마세요."라고 위로하고는, 한 달 내내 고추장 한 통과 쌀 한 포대를 사 고추장에 비빈 밥만 먹고 지내고도 불평하지 않았다. 그리고 작은아이는 가정 형편에 조금이라도 도움이 되려고 휴학 중에 대중적인 책을 써 학비 일부를 직접 해결하기도 했다.

우리 아이들은 부모가 얼마나 힘들게 학비를 마련하는지 알게 돼 공부를 열심히 하지 않을 수 없었다고 말하곤 한다. 나는 아이들을 공부 잘하는 아이들로 기른 것보다, 부모의 처지를 이해하고 분수에 넘치는 요구를 하지 않는 아이들로 기른 것을 더 자랑스럽게 생각한다.

그런데 내가 직장에 다닐 때 친하게 지낸 상사 한 분은 늦게 결혼한 데다, 딸 둘을 둔 후에 아들을 두었는데 그 아들을 과보호하다가 망쳐버렸다. 그분은 맞벌이였고, 사람을 좋아해 후배들을 자주 집으로 초대했다. 그런데 한번은 내가 그 집에 가 있을 때 중학생 아들이 울

맘 잡고
열심히 살겠습니다!
우리집
전재산 통장
BANK

먹이며 들어왔다. 선배가 놀라서 아들에게 우는 이유를 묻자 체육 시간에 달리기를 제대로 못해 체육 교사로부터 매를 맞았다고 말했다. 그러자 그는 손님들이 있음에도 불구하고 "이놈을 당장 모가지를 자르든지 해야지. 누구 아들을 감히!" 하며 교사 욕을 했다. 그리고 아들과 후배들이 보는 앞에서 교육청 등 학교의 상위 기관에 있는 지인들에게 전화를 해댔다.

나는 그의 태도를 보며 그 아들의 장래가 몹시 걱정되었다. 그러나 남의 일인지라 세월이 가면서 그 사건은 거의 다 잊고 있었다. 그러다가 몇 년 전 우연히 동료들로부터 그분 아들에 대한 소문을 들었는데 그는 아버지가 정년으로 회사를 그만둔 후에도 정상적인 사회생활을 못해 부모의 짐이 되고 있다고 한다. 부모가 젊고 권력을 가졌을 때는 원하면 얼마든지 자식 뒷바라지를 해줄 수 있을지 모른다. 그러나 영원히 자식 뒷바라지를 할 수 있는 부모는 없다. 그런데도 부모가 자식에게 자신의 처지를 정확하게 알리지 않고 모든 것을 다 해결할 수 있는 능력을 가졌다고 과대 평가하면 아이는 부모가 자기를 영원히 보호해줄 것이라고 믿어 절대 알아서 공부하려고 들지도, 스스로 미래에 대한 대책도 세우지 않을 것이다.

따라서 아이가 알아서 공부를 열심히 하게 만들려면 부모의 처지를 숨기지 말고 자세히 알려줄 필요가 있다.

56

부모가 자식의 운명을 **디자인하라**

우리 아이들이 공부 잘한다는 소문을 들은 사람들은 나에게 "댁의 아들들은 원래부터 공부를 잘하도록 타고난 아이들이 아닌가요?"라고 묻곤 한다. 그럴 때마다 나는 우리 아이들은 공부를 잘하도록 타고난 아이들이 아니라 부모인 내가 디자인해서 마름질해서 그렇게 되었다고 말한다.

나는 자식의 운명은 부모가 아기 때부터 디자인하고 만들어 가야 한다는 사실을 아버지로부터 배웠다. 아버지는 중학교 때 일본으로 유학을 떠나셨다. 나이도 어린 식민지의 백성이 일본으로 유학을 갔으니 당연히 심한 차별로 고통을 받으셨다고 한다. 그 시절의 단 하나 위안거리가 있다면, 한 스승으로부터 자식 잘 기르는 방법을 전수받은 것이었다고 한다. 아버지가 일본인 스승에게 배워온 자식의 운명을 디자인하는 방법은, 부모가 자식 몰래 미리 자식의 운명을 정해놓고 그 운명의 길로 아이들이 눈치 채지 못하게 몰고가는 것이다.

아버지가 내게 정해주신 운명은 작가였다. 그리고 바로 밑의 여동생은 대학 교수, 나머지 두 남동생은 법조인이었다. 아버지 자신이 법학과를 졸업하고도 고시를 통과하지 못한 때문인지, 특히 아들을 법조인으로 만드는 일에는 많은 집착을 보이셨다. 물론 부모라면 누구나 이런 디자인은 할 수 있을 것이다. 하지만 우리 아버지는 자식들의 운명을 디자인하는 것으로 끝내지 않고, 그 운명을 현실화할 수 있도록 보이지 않게 몰고가셨다.

예를 들면 맏딸인 나를 작가로 기르려고 어릴 때부터 책을 읽어주시고, 책과 친해지게 하려고 장난감 대신 주로 책을 가지고 놀도록 하셨다. 조금 자란 후에는 글쓰기에 필요한 자료와 각 나라의 뛰어난 소설 작품들을 읽게 하셨다. 그리고 더 자란 다음에는 매일 하나의 주제를 주고 글을 쓰도록 한 후, 시뻘건 볼펜으로 고쳐 다시 쓰기를 반복하도록 시키셨다.

그리고 바로 아래 여동생에게는 대학 교수들의 생활상을 들려주고, 유명 교수들의 논문을 구해다 읽게 하셨다. 여동생은 어릴 때부터 학술 논문에 익숙해지더니, 나중에는 자기는 세상에 태어나 단 한 번도 대학 교수 이외의 직업은 고려해본 적이 없다고 말했다. 그래서 그 동생은 다른 사람들에 비해 비교적 어린 나이에 대학 교수가 되었다. 남동생 둘 역시 아버지가 사법고시의 방향과 경향, 그리고 법의 역사 등 법조인에게 필요한 책들을 공급해 법조인 이외의 직업에 눈을 돌리지 못하게 하시더니 둘 다 사법고시에 통과했다.

자식의 운명을 디자인하고 그 길로 몰아가는 아버지의 전략은 비교적 성공적이어서, 대부분의 자식들은 모두 아버지의 디자인대로 완성이 되었다.

물론 부모가 디자인한 아이의 운명이 아이의 적성에 맞지 않으면 성공하기 어렵다. 많은 부모들이 자식을 전문직 종사자로 키우고 싶어하지만 성공률이 낮은 이유는 그 때문이다. 아이가 태어나기 전에 아이가 어떻게 자라면 좋을지에 대해서 다자인을 했다고 해서 중간에 바꿀 수 없다고 생각할 것이 아니라 아이의 적성을 빨리 파악해 거기에 맞추는 순발력을 발휘해야 성공률을 높일 수 있다.

나는 부모가 자식의 운명을 디자인하고 성공적으로 그 길로 몰고가려면, 부모가 부모 노릇의 고수가 되어야 한다고 생각한다. 그래서 나는 아버지를 벤치마킹해 아버지의 방법을 조금 업그레이드했다. 아이들의 운명을 미리부터 디자인하고 아이들이 눈치 채지 못하게 몰고가되, 미리 직업까지 정해 위험 부담을 높이는 일을 생략한 것이다.

나는 아이들이 세계 속에서 경쟁력 있는 인재로 자라도록 여러 외국어에 흥미를 가질 만한 정보를 구해주었으며, 세계사에 관심을 갖도록 흥미로운 세계사 책을 읽고 토론도 자주 했다. 그뿐만 아니라 세계 무대에 서도 손색이 없게 걷기와 말하기 매너, 입는 법과 음식 먹는 법, 그리고 와인의 역사, 칵테일, 음악, 미술 등 교양을 쌓도록 했다. 그리고 글로벌 스탠다드에 맞는 대인관계에 필요한 목소리 훈련으로

Design my Child!

목소리까지 바꿔주었다.

우리 작은아이는 아기 때 쉰 목소리를 가지고 있었다. 그래서 영어 발음까지 좋지 않아 미국에 간 후 영어 선생님의 도움으로 목소리를 고쳐주었다. 내가 커뮤니케이션 교육 전문가가 된 것도 우리 아이 목소리를 고치는 일에서 시작됐다. 그리고 무슨 일을 시작하건 일단 책을 통해 기본 내용을 이해한 다음 시작하도록 했다. 그랬더니 작은아이가 대학교 2학년 때부터 펜싱을 배웠는데, 펜싱 실기를 익히기 전에 세계 최초의 펜싱 책부터 읽겠다고 했다. 인터넷으로 조사해본 결과 이탈리아 볼로냐 대학에 14세기에 쓴 파피루스로 된 책이 있음을 발견했다. 미국의 대학에서는 다른 나라 대학의 도서관에 있는 책도 대여 신청을 해두면 자기네 학교 도서관으로 빌려다 준다. 그래서 작은아이는 파피루스에 적힌 그 펜싱 책을 볼로냐 대학에서 갖다달라고 요청해 다 읽고 난 후에 본격적으로 펜싱을 배웠다. 그 결과 보통 5년 간 배워야 할 기술을 일 년 만에 마칠 수 있었다. 그뿐만 아니라 펜싱에 관한 책을 통해 그 시대의 이탈리아와 유럽의 흥미로운 문화사까지 배웠다.

작은아이는 이런 식의 공부 습관으로 취미가 늘어날 때마다 그에 관한 서적을 읽고, 그 서적에서 이해가 안 되는 내용을 만나면 다시 관련 서적을 읽어 그 분야의 전문가 수준의 지식을 갖게 되었다. 그래서 따로 학교 공부를 하지 않아도 좋은 성적을 얻어 친구들의 부러움을 샀다. 학교 공부에 시간을 빼앗기지 않아도 됐기 때문에 와인과 음악, 미술 등에 관한 소양을 쌓을 수도 있었다.

나는 그동안 직업상 우리나라는 물론 미국에서도 성공한 사람들과 인터뷰할 기회를 많이 가졌다. 그 과정에서 그들이 부자가 된 것, 사회적으로 성공한 것, 그리고 학교 다닐 때 공부를 잘한 것은 특별한 두뇌를 가지고 태어났기 때문이 아니라 아주 어릴 때부터 남다른 습관을 길렀기 때문이라는 사실을 알 수 있었다.

아이가 알아서 공부를 열심히 하느냐, 안 하느냐의 문제는 부모가 아이가 태어났을 때부터 어떻게 운명을 디자인해서, 어떤 습관을 만들어 그 운명에 도달하도록 만들었는가에 달려 있다고 말할 수 있다.

57

자신감을 심어주어라

불과 몇 십 년 전만 해도 미국에서 유색 인종은 사람 취급을 받지 못했다. 흑인들은 백인들과 같은 식당에서 밥을 먹지도, 같은 버스를 타지도 못하는 심한 차별을 받았다. 미국의 인종 차별은 일제시대 때 우리 민족이 일본인으로부터 받은 차별보다 더하면 더했지 덜하지 않았던 것 같다. 그런데도 혹독한 인종 차별의 벽을 넘어 여느 백인보다 더 성공한 흑인도 있다.

그러한 성공 신화는 성공의 조건은 가정 환경이나 사회 여건과는 큰 관계가 없다는 생각을 하게 만든다. 따라서 공부 잘하고 못하는 것도 환경이나 여건 탓만은 아닌 것이다. 우리나라보다 교육제도가 한참 열악한 아프리카 같은 곳에서 미국으로 유학 와 좋은 성적을 거두는가 하면 집안 형편이 어려운 학생이 명문대를 수석 졸업하는 일이 많은 것만 보아도 알 수 있다. 가정 형편과 어려운 여건을 뛰어넘을 수 있는 원동력은 자신감이다.

그런 의미에서 미국에서 각종 차별을 극복하고 성공한 두 여성의 이야기는 우리에게 많은 교훈을 남긴다. 〈시스터 액트〉 등의 재미있는 영화로 우리에게 친숙한 할리우드 스타 우피 골드버그에 대한 이야기부터 하겠다. 그녀는 미국에서 인종과 남녀 차별이 매우 심하던 시절, 가난한 사람들이 모여 살던 뉴욕의 첼시에서 자랐다. 흑인인 데다 여성이며 외모까지 특이하게 생긴 그녀에게는 할리우드 스타가 될 만한 조건은 하나도 없었다. 그런데도 그녀는 잘나가는 여배우로 성공해 지금까지 왕성한 활동을 하고 있다. 그녀는 자신의 성공 요인은 부모가 심어준 자신감이 그 원동력이라고 서슴없이 말한다. 그녀는 어린 시절부터 몹시 튀는 옷차림을 좋아했다. 옷이 어찌나 요란한지 친구들마저 같이 어울리기를 꺼릴 정도였다.

우피 골드버그는 어느 날 자기와 가장 친하다고 생각한 친구에게 함께 영화를 보러 가자고 했다. 그런데 그 친구가 "옷을 갈아입지 않으면 같이 못 가. 그리고 그런 차림으로 다니려면 나랑 놀 생각도 하지 마."라고 면박을 주고는 사라져버렸다. 실망한 그녀가 옷을 갈아입고 친구와 극장에 가야 할지, 극장 가는 것을 포기해야 할지 망설이고 있는데, 어머니가 다가와 "얘야, 옷을 갈아입고 나가서 다른 애들하고 같이 놀아도 된다. 그렇지만 네가 싫으면 굳이 그럴 필요가 없다. 다른 사람들이 뭐라고 하든지 네가 그것을 견뎌낼 자신만 있으면 너 하고 싶

You are the Champion!

은 대로 해도 돼. 그 대신 네가 선택한 일 후회하지 말고 항상 자신감을 가져라."라고 말해주었다. 어머니의 말을 들은 그녀의 얼굴은 다시 환하게 살아났다. 그후부터는 남의 이목을 전혀 두려워하지 않고 타고난 끼를 마음껏 발휘할 수 있었다. 그것이 그녀가 배우답지 않은 외모와 극심한 인종과 성 차별을 뛰어넘어 할리우드의 스타가 된 원동력이라고 한다.

환갑이 넘은 나이에도 변하지 않는 미모와 재치로 왕성하게 활동하고 있는 미국 최고의 앵커우먼 다이안 소여의 성공도 아버지가 심어준 자신감 때문에 가능했다. 다이안 소여는 우피 골드버그와 달리 녹색 눈을 가진 미모의 백인 여성이지만, 그녀 역시 당시 극심한 남녀 차별의 벽 때문에 대학 졸업 후 일자리를 구하지 못하고 낙향했다. 미국의 시골은 겉보기에는 아름답지만 변변한 바 하나도 없어, 젊은이들에게는 몹시 답답하고 지루한 곳이다. 그래서 그녀는 매일 답답하고 절망적인 시간을 보내며 괴로워했다.

어느 날 딸의 이러한 모습을 지켜보던 그녀의 아버지가 그녀를 불러 "네가 정말로 좋아하는 일을 생각해보렴. 그 일로 승부를 걸면 된단다. 너는 그 일을 할 수 있잖니?"라고 말씀하셨다. 아버지의 이 말에 자신감을 얻은 그녀는 당시에는 눈을 씻고 봐도 여자라고는 찾을 수 없는 방송인이 되겠다는 결심을 했다. 그러나 워낙 남녀 차별이 심해 결심만으로 성과가 나지는 않았다. 그래서 거의 만용에 가까운 용기를 내 켄터키의 작은 지방 방송국의 보도국 문을 두드렸다. 그리고 그들이 응답할 때까지 "아무 일이라도 좋으니 일만 하게 해달라."고 졸라 기상

캐스터 자리를 얻었다. 당시로서는 매우 하찮아 보이던 그 일자리가 그녀가 미국 최고의 앵커우먼으로 자란 출발점이 되어주었다. 그녀는 지금도 어떤 잡지의 인터뷰에서나 자신의 오늘날은 아버지가 심어준 자신감에서 나왔다고 말한다.

나 역시 우리 아이들이 간혹 자신이 한 일에 자신감을 갖지 못하면 “너는 실수하면 네 힘으로 고칠 수 있는 아이야. 그래서 나는 걱정 안 해.”라고 말해 자신감을 북돋아주었다. 그래서 우리 아이들은 시험을 망치면 모든 노력을 동원해서 그 다음 시험에서 점수를 만회한다. 그리고 언제든지 실수를 하면 자기 스스로 회복할 수 있다고 믿는다.

나는 이러한 경험 때문에 아이에게 자신감을 심어주면, 스스로 공부를 잘하게 할 수 있을 뿐만 아니라 사회적으로도 성공시킬 수 있다고 믿는다.

58

현실보다 미래에 대한 꿈을 키워주어라

요즘 우리나라의 많은 부모들이 자식에게 꿈보다 현실이 더 중요하다고 주장한다. 그때문에 공부 잘하라는 이유가 의사나 변호사 같은 전문직을 가져야 하기 때문이라고 주장하는 것이다. 그러나 나는 사람은 꿈이 커야만 삶의 목표가 분명해지고, 삶의 목표가 분명해져야만 공부건 일이건 열심히 할 의욕이 생긴다고 생각한다. 그래서 나의 두 아들에게도 "꿈이 없는 사람은 절대 최고가 될 수 없다."고 말해왔다. 그리고 지금도 나의 이 말이 우리 아이들이 공부를 잘하는 데 결정적인 도움이 되었다고 믿고 있다. 내가 아는 한 최고가 된 사람들은 항상 현실보다 꿈을 중시했음을 알기 때문이다.

기초 바이러스학을 이용해 에이즈 바이러스 활동을 증명해

에이즈 치료의 길을 연 데이빗 호는 1996년 《타임》지의 올해의 인물로 뽑혔다. 그는 의학적 성공 못지않게 사람에게 꿈이 얼마나 중요한지를 보여준 것으로도 유명하다. 그는 아기 때 대만에서 미국으로 이민 왔다. 야망이 큰 아시아계 미국 이민자들이 그렇듯 MIT 공대를 거쳐 캘리포니아 공대에서 생물학을 공부하고, 다시 하버드 의대에서 의학을 공부했다. 이처럼 미국 최고의 학교만 다니며 공부를 마친 그는 기초 바이러스학 전문가가 되어 에이즈를 연구해 획기적인 치료의 길을 열어 전 세계 의학계의 주목을 받았다. 그런 그가 자기가 일하는 병원에서 만난 한 에이즈 환자로부터 사람에게 꿈이 얼마나 중요한지를 배워 꿈의 전도사가 되었다. 그는 에이즈로 시한부 인생이 된 한 환자가 병원에 치료받으러 와서 "이제 집을 사야겠어요. 포기했던 일이거든요. 학교도 마칠 생각이에요. 한때 죽을 생각을 한 적이 있었지만, 이젠 정말로 열심히 살아볼래요."라고 말한 후부터 점차 병의 상태가 호전되더니 생명이 연장되는 기적을 이루더라며 인간에게 꿈은 기적을 만드는 원동력이라고 믿게 되었다고 한다.

나는 《타임》지에서 그에 관한 기사를 읽으며, 내가 우리 아이들에게 아기 때부터 꿈을 심어준 것을 자랑스럽게 생각했다. 나는 우리 아이들에게 "세상은 5퍼센트의 인재들이 이끌며, 나머지 사람들은 5퍼센트의 인재가 만들어낸 직업을 가지고 살아갈 뿐이다."라고 말하고, 기왕에 세상에 태어났으니 그 5퍼센트 이내의 사람이 되라는 꿈을 심어주었었다.

나의 이러한 주장이 아이들에게 어찌나 큰 영향을 미쳤던지 우리 가족이 미국 서부를 여행할 때 보잉 사를 견학하는데, 작은아이가 안내를 맡은 백인 여자에게 "나는 언젠가 이 회사를 사고 말 거예요."라고 말했다. 물론 그 여자는 아주 작은 체격에 얼굴을 반이나 가리는 안경을 낀 동양인인 우리 아이를 위아래로 훑어보며 "천만에."라고 비웃었다. 그러나 나는 그녀의 얼굴에 대고 "이 애는 그럴 수 있다. 기대해도 좋다."고 못을 박아 누구도 우리 아이의 꿈을 무너뜨릴 수 없음을 분명히 느끼게 해주었다.

나는 이날의 사건을 잊고 있었는데 우리 아이는 그렇지 않았다. 작은아이는 역사나 철학을 전공할 것이라는 모든 사람의 예상과 달리 경영학을 선택했으며, 국제적인 비즈니스맨이 되기 위해 미국에서 공부를 마치고 파리로 건너갔다. 나는 적어도 이 아이가 보잉 사를 사겠다는 그 당시의 말은 실행하지 않아도 인구의 5퍼센트에 들어야 한다는 꿈은 이룰 수 있을 것이라고 믿는다.

우리 큰아이는 멋진 공항을 짓겠다는 어린 시절의 꿈을 이루기 위해 일주일에 20시간밖에 잠을 자지 못하는 건축학과 수업에서 5개의 상을 타고 수석으로 졸업해 꿈에 근접해가는 것을 본다. 나는 이 아이 역시 언젠가는 어느 나라에서건 역사에 남을 공항을 지을 것으로 믿고 있다.

나는 자식이 정말로 공부를 잘하게 만들고 싶으면 며칠 후에 볼 학교 시험이나 몇 년 후에 치르게 될 대학 입시에 안달복달할 것이 아니라 미래의 큰 꿈을 키워주는 일에 더 신경을 많이 써야 한다고 생각한다.

꿈 가득
넣어 주세요
넵!

59

역사를 이해하게 하라

우리나라는 종종 일본인들의 역사 교과서 왜곡으로 나라 전체가 시끌벅적해진다. 그런데 평소에는 역사 교육을 소홀히해 국·영·수 과목에만 집중하다가 일본인들이 교과서에 실리는 역사를 왜곡해 나라가 들썩들썩해지면 그제야 우리나라도 학교에서 역사 교육을 강화해야 한다는 목소리를 높인다. 그러나 나는 스스로 알아서 공부하는 아이를 만들려면 역사부터 가르치라고 말하고 싶다.

역사가 공부에 미치는 영향은 매우 크다. 간단한 예를 들어보면, 빵을 하나 굽더라도 누군가가 이미 경험을 통해 터득한 후 기록해 둔 밀가루 반죽하는 방법과 불을 조절하는 방법 등을 참고하면, 기록을 본 적이 없는 사람에 비해 훨씬 더 맛있고 오래 보관할 수 있는 빵을 개발하기가 쉬워질 것이다.

역사란 이미 경험했던 일들을 기록해놓은 것이어서 참고할수록 더 나은 방법을 찾기가 쉬워진다. 다시 한번 빵 굽는 사람을 예로 들면, 빵 굽는 방법이 기록된 노트를 이어받은 후손은 남보다 맛있는 빵을 굽는 방법을 쉽게 개발해 빨리 부자가 될 수 있지만, 조상이 오랫동안 빵집을 경영하면서도 빵 굽는 방법을 기록으로 남기지 않은 후손은 여전히 선조들과 똑같은 방법으로 여러 가지 시행착오를 겪으며 빵을 구워야 하기 때문에 가난한 빵집에서 헤어나지 못하고 제자리걸음만 하게 될 확률이 높다. 이처럼 역사를 중요시하는 사람들은 앞선 시대를 살았던 사람들의 업적을 발판으로 더 발전할 수 있어 쉽게 성공에 다다를 수 있다.

가령 기업의 역사를 공부해보면 유럽에는 이미 11세기에 지금과 같은 주식회사가 있었고, 지금 우리가 사용하는 회계 시스템이 사용되었으며, 최근에야 우리들에게 익숙해진 기업인수합병(M&A)도 했었음을 알 수 있다. 그리고 그 방법을 토대로 회사 형태를 발전시킨 서양인들의 저력을 이해할 수 있다. 멀리 유럽까지 갈 것도 없이 우리나라에서도 이미 신라 시대 때부터 국제 무역을 했었다. 기업의 역사를 아는 사람들은 지금 사용되는 기업 운영 방법을 남보다 먼저 개선시켜 경쟁력을 가질 수 있게 될 것이다.

그래서 나는 아이들에게 역사책을 많이 읽혔다. 우리 아이들은 유럽 배낭 여행을 떠나기 전에 유럽의 역사책을 읽고 현지에서 내용을 확인하며 흥분했던 일을 잊지 않고, 지금도 다른 나라로 여행을 떠

역사를 알아야죠~
우가우가!

나기 전에는 그 나라의 역사부터 알고 떠나는 것을 원칙으로 한다. 그 결과 그 나라 문화는 물론 언어도 아주 쉽게 배울 수 있게 되었다.

역사를 제대로 이해하면 특별히 따로 공부하지 않아도 그 나라 언어를 비롯해서 사회, 문화 그리고 과학, 미술, 음악 등도 쉽게 이해할 수 있을 것이다.

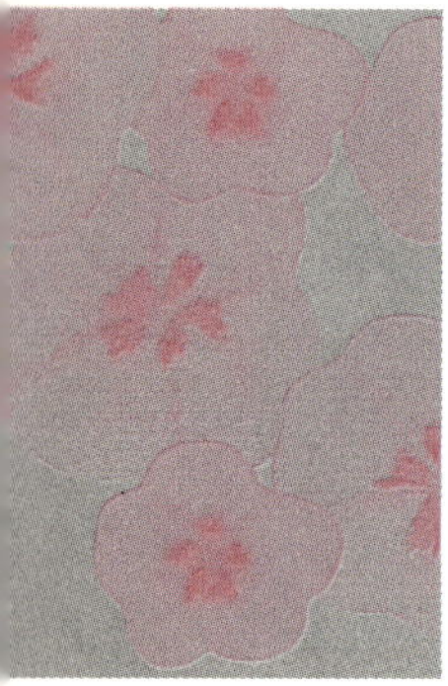

60

네가 소중한 아이라고 세뇌시켜라

나는 금년 5월 미국 미시간 주 애나버에 있는 미시간대 건축학과를 졸업하는 아들을 위해 가장 크고 아름다운 백합 꽃다발을 준비하며, 오래전에 돌아가신 친정아버지를 떠올렸다. 내가 초등학교를 졸업하던 시절, 그때만 해도 겨울에 생화를 파는 곳이 드물어 졸업생들은 대부분 조화를 들고 졸업식을 했지만 우리 친정아버지는 어디선가 벌레 먹은 마가렛 꽃을 구해서 모든 학생 중 나만 생화로 된 꽃다발을 받게 하셨기 때문이다.

우리 친정아버지는 자식들 졸업 때마다 절대 조화를 들지 못하게 하고, 가장 화려한 생화 꽃다발을 준비하셨다. 그 시절에는 겨울에 생화를 키울 만한 온실이 발달되지 않아 웬만한 행사에는 모두 조화를 사용해 생화를 사는 것 자체를 낭비로 보았다. 그러나 우리 친정아버지는 자식을 위해서라면 그 정도의 사치는 별것 아니라고 말씀하셨다. 그렇다고 해서 우리집 가정 형편이 다른 집보다 나았던 것은 아니다.

우리 친정아버지는 일찍 상처를 하고 가세가 기울어 꽁초를 여러 번 나누어 피우는 형편에 처하기도 했지만, 담뱃값을 아껴서라도 자식들의 졸업식에는 항상 가장 화려하고 큰 꽃다발을 준비하셨다. 그 이유는 "너희들이 누구보다 귀한 사람이 될 것이기 때문에 이 정도의 대접은 받아도 된다."였다. 우리 친정아버지는 부모가 자식을 소중한 존재로 여기지 않으면 자식이 귀하게 될 수 없다고 주장하셨다. 그래서 집에서는 엄하게 야단을 쳐도 남들이 보는 곳에서는 가장 돋보이게 만들어야 한다고 하셨다.

부창부수라고 친정어머니 역시 자식들 생일 잔치에 많은 정성을 기울이셨다. 지금 아이들이야 생일마다 식당으로 친구들을 초대해 잔치를 벌이는 것이 쉽지만, 그 시절에는 아이들 생일에 신경을 쓸 수 있는 가정이 드물었다. 그러나 우리 친정어머니는 정성이 중요하다며 자식들의 생일을 준비하려고 일 년 내내 쌀을 모아두셨다가, 모아둔 모든 쌀을 다 털어 여러 가지 떡을 풍성하게 만들어 가능한 한 많은 이웃에 돌리곤 하셨다. 그 이유 역시 "너희들이 이 세상에서 가장 귀한 아이들임을 알리기 위해서"였다.

나는 우리 친정 부모님의 이러한 양육 태도가 우리 형제들이 일찍 어머니를 여의는 불행한 형편 속에서도 악착같이 공부해 스스로 귀한 존재로 자란 가장 큰 이유일 것이라고 믿는다. 그래서 나도 우리 아이들에게 "너희들이 가장 소중한 존재"라고 말해왔다. 우리 큰아이가 자기 졸업식을 위해 가장 화려한 꽃다발을 준비하는 나에게 "미국 사람들은 졸업식에도 꽃다발 잘 안 가지고 다녀요. 그러니까 조그만 거 하나면 돼요."라며 말렸지만, 나는 졸업생 중에서 네가 가장 화려하고 큰 꽃다발을 가질 자격이 있다고 우겨 가장 큰 꽃다발을 준비했다. 그런데 과연 졸업식에 참석해보니 우리 아이가 학부 졸업생 중에서 가장 우수한 학생으로 뽑혀 학부생으로서는 유일하게 무대 위에서 상을 받아 내가 준비한 크고 화려한 꽃다발이 더욱 빛났다.

나는 친정 부모님으로부터 자식의 자존심을 살려주고, 자신이 귀한 존재임을 인식시키는 것이 얼마나 중요한지를 배웠다. 그래서 나도 아이들을 귀한 존재로 인식시켜 스스로 알아서 공부해 귀한 존재가 되도록 기를 수 있었다고 생각한다. 그 때문에 나는 자식은 부모가 귀하게 대접해주면 귀하게 되고, 함부로 대접하면 천해진다고 굳게 믿는다. 그래서 가끔 공공장소에서 부모가 자식의 행동이 마음에 들지 않는다고 해서 "이런 못된 것 같으니라고!" "네 주제에 뭘 할 수 있겠어?" "너 때문에 내 팔자가 요 모양이 되었다."라며 부모가 자식에게 함부로 말하는 것을 보면 안타까워서 다시 한번 돌아본다. 부모가 자식에게 '네가 정말로 소중한 존재' 임을 인식시키지 못하면, 그 자식은 절대 스스로 공부해 귀하게 될 생각을 갖지 못할 것을 알기 때문이다. 부모가 자식을 천하게 대하는 한 아이는 공부를 멀리하게 될 것이고 이것을 걱정하는 부모의 '공부하라' 는 잔소리는 거듭될 것이다. 그렇게 되면 자식은 잔소리가 싫어 더욱 부모에게 반항해서 공부와는 담을 쌓을 것이다.

나는야 정말 소중한 사람!

따라서 당신도 아이의 자존심을 살려 정말로 귀한 존재로 자라도록 하고 싶으면, 아이의 행동이 마음에 들지 않아도 "나는 네가 그 정도로 끝낼 인물이 아니라는 걸 안다. 그래서 너는 곧 네 행동을 바로 잡을 것이다."라며 아이의 자존심을 살려주어야 할 것이다. 그러면 당신 아이는 지금 현재는 부모 마음에 들지 않는 행동을 하고 있을지라도 곧 제자리로 돌아와 어떤 역경도 이기고 스스로 일어서려고 공부에 전념하게 될 것이다.

잔소리하지 않고

유쾌하게 공부시키는 법 60

초판 1쇄 발행 2005년 7월 25일
초판 7쇄 발행 2008년 1월 14일

지은이 | 이정숙
펴낸이 | 한 순 이희섭 펴낸곳 | 나무생각
편집 | 김현정 이은주 디자인 | 노은주 임덕란
마케팅 | 나성원 김종문 관리 | 손재형 김선영

출판등록 | 1998년 4월 14일 제13-529호

주소 | 서울특별시 마포구 서교동 475-39 1F
전화 | 334-3339, 3308, 3361 팩스 | 334-3318
이메일 | tree3339@hanmail.net
홈페이지 | www.namubook.co.kr

© 이정숙, 2005

ISBN 89-5937-103-3 03370

값은 뒤표지에 있습니다. 잘못된 책은 바꿔 드립니다.

〈나는 자녀의 성적에 얼마나 기여했나?〉

체크 리스트

ⓒ 이정숙
이 책의 저작권은 저작자 이정숙과 도서출판 나무생각에 있습니다.
신 저작권법에 의해 한국 내에서 보호를 받는 저작물이므로 무단전재 및 복제를 금합니다.

〈나는 자녀의 성적에 얼마나 기여했나?〉

체크 리스트

잔소리하지 않고 유쾌하게 공부시키는 법 60

이정숙 지음

나무생각

나는 자녀의 성적에 얼마나 기여했나?

당신은 자녀의 성적에는 민감하지만 당신 자신이 자녀 공부에 얼마나 도움을 주는 부모인지는 체크해본 적이 없을 것입니다. 그러나 당신이 불만족스러워하는 당신 자녀의 성적은 자녀의 노력만으로 결정되는 것이 아닙니다. 부모인 당신이 자식이 태어난 후 지금까지 어떤 방식으로 길렀는지도 대단한 영향을 미쳤을 것입니다.

당신은 예전에 대학을 졸업했을지라도 워낙 교과 과정이 잘 바뀌어 자녀가 초등학교에 다닐 때까지만 자녀의 공부를 가르쳐줄 수 있을 것입니다. 그래서 아이가 스스로 공부하게 되는 고학년이 될수록 당신이 관여하지 못해 성적이 좋던 아이의 성적이 급격히 떨어져 실망할 수도 있습니다. 그러므로 당신이 정말로 당신 자녀가 대학 입학 때나 그 이후까지 좋은 성적을 거두기를 원한다면 학원에 보내거나 당신이 만든 계획대로 공부시키려고 할 것이 아니라 부모인 당신의 자녀 양육 태도를 점검하고 바로잡는 것이 현명합니다. 당신의 태도를 냉정하게 분석해 지금부터라도 아이가 잔소리하지 않아도 알아서 공부할 수 있는 새로운 방안을 모색한다면 당신의 자녀의 성적에 관한 근심은 어느새 사라질 것입니다.

이 체크 리스트는 당신이 그동안 자녀의 성적에 얼마나 기여해왔는지와 당신의 태도를 어떻게 바꾸어야 자녀의 성적을 걱정하지 않고 자녀와 잘 지낼 수 있는지를 알아내는 데 도움이 될 것입니다.

체크 리스트는 당신이 자녀의 영 · 유아 시절 공부를 잘할 수 있는 토대를 어떻게 마련해주었는지와 자녀의 학교 생활 관여가 성적에 미친 영향, 자녀의 주변 사람들과의 관계가 자녀 성적에 미친 영향, 그리고 일상생활에서 당신이 자녀를 대하는 태도에서 자녀 성적에 미친 영향 등을 알아볼 것입니다.

과연 나는
어떤 부모인가
...?

1

당신이 자녀의 영 · 유아 시절, 성적에 얼마나 기여했는지를 알아보겠습니다.

다음 질문에 ① 항상 그렇다 ② 그런 편이다 ③ 가끔 그렇다 ④ 그런 적이 별로 없다 ⑤ 전혀 그렇지 않다로 답해주시기 바랍니다.

1. 나는 아이가 태어나기 전부터 아이가 어떤 사람이 되었으면 좋겠다는 구체적인 계획을 세웠으며 그 방향으로 키우고 있다.

① 항상 그렇다　② 그런 편이다　③ 가끔 그렇다
④ 그런 적이 별로 없다　⑤ 전혀 그렇지 않다

2. 나는 아무리 피곤해도, 아이의 질문이 지겨워도 끝까지 대답해주려고 노력했다.

① 항상 그렇다　② 그런 편이다　③ 가끔 그렇다
④ 그런 적이 별로 없다　⑤ 전혀 그렇지 않다

3. 나는 아이에게 책을 많이 읽어준 편이었다.

① 항상 그렇다　② 그런 편이다　③ 가끔 그렇다
④ 그런 적이 별로 없다　⑤ 전혀 그렇지 않다

4. 나는 아이가 혼자 놀 수 있도록 재미있는 놀잇감을 제공했다.

① 항상 그렇다　② 그런 편이다　③ 가끔 그렇다
④ 그런 적이 별로 없다　⑤ 전혀 그렇지 않다

5. 나는 아이의 성장 과정에 맞게 놀이 방법을 바꾸어주었다.

① 항상 그렇다　② 그런 편이다　③ 가끔 그렇다
④ 그런 적이 별로 없다　⑤ 전혀 그렇지 않다

6. 나는 아이가 칭얼대면 귀찮아서 무조건 텔레비전 앞에 앉혀두었다.

① 항상 그렇다 ② 그런 편이다 ③ 가끔 그렇다
④ 그런 적이 별로 없다 ⑤ 전혀 그렇지 않다

7. 나는 아이가 자기 멋대로 기거나 걸어다니면 불안해서 뒤를 쫓아다녔다.

① 항상 그렇다 ② 그런 편이다 ③ 가끔 그렇다
④ 그런 적이 별로 없다 ⑤ 전혀 그렇지 않다

8. 나는 아이가 다른 아이들하고 싸우면 속이 상해서, 아이를 데리고 가 그 아이 부모에게 따졌다.

① 항상 그렇다 ② 그런 편이다 ③ 가끔 그렇다
④ 그런 적이 별로 없다 ⑤ 전혀 그렇지 않다

9. 나는 아이가 엉뚱한 일을 하면 마음이 불편하다.

① 항상 그렇다 ② 그런 편이다 ③ 가끔 그렇다
④ 그런 적이 별로 없다 ⑤ 전혀 그렇지 않다

10. 나는 우리 아이가 유별난 행동을 하는 것을 원치 않는다.

① 항상 그렇다 ② 그런 편이다 ③ 가끔 그렇다
④ 그런 적이 별로 없다 ⑤ 전혀 그렇지 않다

점수의 합계를 내기 위해 문항 1번에서 5번까지는 ① 10점 ② 8점 ③ 6점 ④ 4점 ⑤ 2점을 주고, 문항 6번부터 10번까지는 ① 2점 ② 4점 ③ 6점 ④ 8점 ⑤ 10점을 줍니다.

80 이상

당신의 점수가 80점 이상이라면 당신은 자녀의 영 · 유아 시절부터 공부할 수 있는 여건을 만들어 주기 위해 노력해온 모범적인 부모입니다. 그럼에도 불구하고 자녀의 성적이 마음에 들지 않는다면 당신의 욕심이 너무 과한 것입니다. 지금부터라도 아이에게 공부보다 자신이 좋아하는 일을 찾도록 도와주는 것이 자녀의 미래를 밝게 해주는 일이 될 것입니다. 《잔소리하지 않고 유쾌하게 공부시키는 법 60》 제8, 19, 40, 42, 44, 50, 54, 60법칙을 참고하면 자녀 성적 향상에 크게 기여할 수 있을 것입니다.

80~60

당신의 점수가 80점 이하 60점 이상이라면 당신은 비교적 자녀가 공부 잘할 수 있는 토대를 만들어준 부모입니다. 그러나 아이의 자율성을 어느 정도는 통제하고 있어 아이의 잠재력을 가로막고 있을 수 있습니다. 이제부터라도 아이 일은 아이가 스스로 하도록 하고, 보이지 않게 지원하면 자녀의 성적이 크게 향상될 것입니다. 《잔소리하지 않고 유쾌하게 공부시키는 법 60》 제8, 12, 18, 25, 38, 50법칙을 참고하면 자녀 성적 향상에 크게 기여할 수 있을 것입니다.

60~40

당신의 점수가 60점 이하 40점 이상이라면 당신은 자녀의 영 · 유아기에 공부할 수 있는 토대를 만드는 노력을 소홀히 하신 분입니다. 그럼에도 불구하고 아이의 성적이 좋다면 그 아이는 타고난 영재이며, 만약 아이의 성적이 당신 기대에 못 미친다면 당신에게도 그 책임이 있음을 인정하셔야 합니다. 지금부터라도 아이의 솔직한 생각을 이야기하게 하고, 아이가 원하는 방법으로 공부하도록 도와주면 아이의 성적을 향상시킬 수 있을 것입니다. 《잔소리하지 않고 유쾌하게 공부시키는 법 60》 제12, 28, 29, 38, 45, 46, 47, 50, 52, 53, 54, 56, 57, 60법칙을 참고하면 많은 도움이 될 것입니다.

40~ 이하

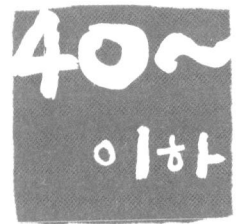

당신의 점수가 40점 이하라면 당신은 자녀에게 공부하라는 잔소리를 하기 전에 당신의 양육 태도부터 바꾸어야 합니다. 아이와 머리를 맞대고 아이 스스로 공부할 방법을 찾도록 의견을 모아야 자녀가 공부 때문에 속을 썩이지 않을 것입니다. 그러나 너무 실망할 필요는 없습니다. 당신 자녀가 부모의 처지를 이해해주고 지속적으로 노력하면 성적은 향상될 수 있습니다.

2

당신이 자녀가 학교를 다니기 시작한 후부터 어떻게 자녀의 성적에 기여해왔는지를 알아보겠습니다.

다음 질문에 ① 항상 그렇다 ② 그런 편이다 ③ 가끔 그렇다 ④ 그런 적이 별로 없다 ⑤ 전혀 그렇지 않다로 답해주시기 바랍니다.

1. 나는 아이가 시험을 보면 마치 내가 시험을 보는 것처럼 떨린다.

① 항상 그렇다　② 그런 편이다　③ 가끔 그렇다
④ 그런 적이 별로 없다　⑤ 전혀 그렇지 않다

2. 나는 아이가 공부하지 않고 텔레비전을 보거나 컴퓨터 게임을 하면 불안하다.

① 항상 그렇다　② 그런 편이다　③ 가끔 그렇다
④ 그런 적이 별로 없다　⑤ 전혀 그렇지 않다

3. 나는 가끔 아이가 휴대폰 통화로 시간을 낭비하는 것이 안타까워 친구와의 통화를 통제한다.

① 항상 그렇다　② 그런 편이다　③ 가끔 그렇다
④ 그런 적이 별로 없다　⑤ 전혀 그렇지 않다

4. 나는 아이가 책상 앞에 앉아 공부하지 않으면 화부터 낸다.

① 항상 그렇다　② 그런 편이다　③ 가끔 그렇다
④ 그런 적이 별로 없다　⑤ 전혀 그렇지 않다

5. 나는 항상 성적의 결과에 따라 벌을 주는 것이 좋다고 생각한다.

① 항상 그렇다　② 그런 편이다　③ 가끔 그렇다
④ 그런 적이 별로 없다　⑤ 전혀 그렇지 않다

6. 나는 아이의 성적이 떨어지면 반드시 매를 든다.

① 항상 그렇다 ② 그런 편이다 ③ 가끔 그렇다
④ 그런 적이 별로 없다 ⑤ 전혀 그렇지 않다

7. 나는 그러면 안 된다는 것을 알면서도 나도 모르게 우리 아이의 성적을 내가 잘 아는 아이 것과 비교한다.

① 항상 그렇다 ② 그런 편이다 ③ 가끔 그렇다
④ 그런 적이 별로 없다 ⑤ 전혀 그렇지 않다

8. 나는 솔직히 아이가 책상 앞에 있는 것만 확인할 뿐, 아이가 어떤 식으로 공부하는지는 굳이 알 필요가 없다고 생각한다.

① 항상 그렇다 ② 그런 편이다 ③ 가끔 그렇다
④ 그런 적이 별로 없다 ⑤ 전혀 그렇지 않다

9. 나는 우리 아이가 다른 아이들보다 공부를 열심히 하지 않는다고 생각한다.

① 항상 그렇다 ② 그런 편이다 ③ 가끔 그렇다
④ 그런 적이 별로 없다 ⑤ 전혀 그렇지 않다

10. 나는 우리 아이의 학교 생활을 속속들이 알고 싶어 아이에게 캐묻지만, 아이가 대답을 하지 않는다.

① 항상 그렇다 ② 그런 편이다 ③ 가끔 그렇다
④ 그런 적이 별로 없다 ⑤ 전혀 그렇지 않다

점수의 합계를 내기 위해 ① 2점 ② 4점 ③ 6점 ④ 8점 ⑤ 10점을 줍니다.

80 이상

당신의 점수가 80점 이상이라면 당신은 자녀가 스스로 공부할 분위기를 만들어주려고 노력하는 부모입니다. 만약 당신이 아이에게 과외 활동까지 허용한다면, 당신 아이는 좀더 폭넓은 공부를 하게 돼 학년이 올라갈수록 성적이 좋아질 것입니다. 《잔소리하지 않고 유쾌하게 공부시키는 법 60》 제1, 5, 6, 15, 26, 31, 34, 49, 53법칙을 참고하기 바랍니다.

80~60

당신의 점수가 80점 이하 60점 이상이라면 당신은 자녀를 적당할 정도로 통제하는 부모입니다. 그러나 통제 방법이 아이가 싫어하는 것이라면 오히려 아이의 반발을 살 수 있습니다. 따라서 통제 방법을 《잔소리하지 않고 유쾌하게 공부시키는 법 60》 제1, 2, 6, 13, 24, 27, 31, 32, 34, 35법칙을 참고하기 바랍니다.

60~40

당신의 점수가 60점 이하 40점 이상이라면 당신은 자녀를 너무 통제해서 당신의 자녀는 당신이 상상하는 것보다 부모에게 더 많은 불만을 가지고 있을 것입니다. 또한 아이의 성적이 좋은 편일지라도 언제 추락할지 알 수 없는 불안한 상황입니다. 따라서 《잔소리하지 않고 유쾌하게 공부시키는 법 60》 제1, 4, 15, 22, 23, 24, 26, 27, 30, 34법칙을 참고하면서 아이의 자율성을 길러주어야 아이의 성적을 올릴 수 있습니다.

40~ 이하

당신의 점수가 40점 이하라면 당신은 자녀의 일거수일투족을 감시하며 아이의 숨통을 조이는 부모입니다. 따라서 이제부터는 《잔소리하지 않고 유쾌하게 공부시키는 법 60》을 여러 번 통독하면서 아이를 편안하게 해주어야 아이의 성적을 올릴 수 있을 것입니다.

3

당신이 자녀의 주변 사람들과의 관계를 통해 자녀의 성적 향상에 얼마나 기여하고 있는지를 알아보겠습니다.

다음 질문에 ① 항상 그렇다 ② 그런 편이다 ③ 가끔 그렇다 ④ 그런 적이 별로 없다 ⑤ 전혀 그렇지 않다로 답해주시기 바랍니다.

1. 나는 담임선생님과 아이의 학교 생활에 대해 허심탄회하게 이야기를 나누는 편이다.

① 항상 그렇다　② 그런 편이다　③ 가끔 그렇다
④ 그런 적이 별로 없다　⑤ 전혀 그렇지 않다

2. 나는 담임선생님뿐만 아니라 교과 담당 선생님들과도 교류가 많은 편이다.

① 항상 그렇다　② 그런 편이다　③ 가끔 그렇다
④ 그런 적이 별로 없다　⑤ 전혀 그렇지 않다

3. 나는 학교 갈 때 봉투나 선물을 들고 가지 않아도 마음 편히 선생님을 만날 수 있다.

① 항상 그렇다　② 그런 편이다　③ 가끔 그렇다
④ 그런 적이 별로 없다　⑤ 전혀 그렇지 않다

4. 나는 학교 행사에는 일일이 참가할 수 없어도 학교 선생님들의 동향은 잘 알고 있다.

① 항상 그렇다　② 그런 편이다　③ 가끔 그렇다
④ 그런 적이 별로 없다　⑤ 전혀 그렇지 않다

5. 나는 아이의 친구들은 대부분 다 알고 있으며, 집으로도 자주 초대하는 편이다.

① 항상 그렇다　② 그런 편이다　③ 가끔 그렇다
④ 그런 적이 별로 없다　⑤ 전혀 그렇지 않다

6. 나는 아이의 학교 생활을 이해하기 위해 학교에 자주 봉사활동을 간다.

① 항상 그렇다 ② 그런 편이다 ③ 가끔 그렇다
④ 그런 적이 별로 없다 ⑤ 전혀 그렇지 않다

7. 나는 아이와 학교 생활에 관한 이야기를 자주 나누며, 아이도 자세히 설명해주는 편이다.

① 항상 그렇다 ② 그런 편이다 ③ 가끔 그렇다
④ 그런 적이 별로 없다 ⑤ 전혀 그렇지 않다

8. 나는 우리 동네 사람들과 잘 어울리며, 아이에게도 동네 친구를 많이 사귀게 해주었다.

① 항상 그렇다 ② 그런 편이다 ③ 가끔 그렇다
④ 그런 적이 별로 없다 ⑤ 전혀 그렇지 않다

9. 우리집에는 친인척이 자주 찾아오며, 나는 아이들을 데리고 이런저런 행사에 많이 참여한다.

① 항상 그렇다 ② 그런 편이다 ③ 가끔 그렇다
④ 그런 적이 별로 없다 ⑤ 전혀 그렇지 않다

10. 나는 아이가 이성 친구를 사귀어도 나에게 바로 소개하라고 하며, 처음부터 이성 친구를 평가하지 않을 것(또는 예정)이다.

① 항상 그렇다 ② 그런 편이다 ③ 가끔 그렇다
④ 그런 적이 별로 없다 ⑤ 전혀 그렇지 않다

점수의 합계를 내기 위해 ① 10점 ② 8점 ③ 6점 ④ 4점 ⑤ 2점을 줍니다

80 이상

당신의 점수가 만약 80점 이상이라면 당신은 비교적 자녀의 학교 생활이 원활해지도록 자녀의 주변 사람들과의 교류를 잘하고 있는 부모입니다. 그러나 가끔은 치맛바람의 오해를 받거나 과잉보호의 모습으로 비쳐질 수도 있습니다. 《잔소리하지 않고 유쾌하게 공부시키는 법 60》 제13, 14, 28, 33, 37, 40, 41, 42, 43, 46, 56법칙 등을 참고하면 도움이 될 것입니다.

80~60

당신의 점수가 만약 80점 이하 60점 이상이라면 당신은 적절할 정도로 자녀의 학교 생활에 관여하는 부모입니다. 다만 관여하는 방법이 어떤지에 따라 결과가 다를 것입니다. 《잔소리하지 않고 유쾌하게 공부시키는 법 60》 제16, 17, 22, 26, 32, 33, 37, 47법칙 등을 참고하면 도움이 될 것입니다.

60~40

당신의 점수가 만약 60점 이하 40점 이상이라면 당신은 자녀의 주변 사람들과 단절돼 있는 편입니다. 지금부터라도 자녀의 주변 사람들에게 관심을 기울여, 부모가 모르는 자녀의 특성을 이해해야 자녀의 성적을 더 올릴 수 있을 것입니다. 《잔소리하지 않고 유쾌하게 공부시키는 법 60》 제12, 13, 28, 32, 33, 41, 47, 48, 49, 52, 53법칙을 참고하면 도움이 많이 될 것입니다.

40~ 이하

당신의 점수가 만약 40점 이하라면 당신은 자녀를 타인과 고립시키는 타입입니다. 지금부터라도 주변 사람들과의 교류에 적극 나서야 할 것입니다. 당신 자녀는 부모인 당신이 모르는 고민을 또래 친구에게 털어놓고 있을지도 모릅니다. 이것은 문제아로 이어질 가능성이 큽니다. 당신의 자녀는 담임선생님에게는 이미 찍혀서 학교 생활이 위축돼 있을 수도 있습니다. 《잔소리하지 않고 유쾌하게 공부시키는 법 60》을 수시로 읽어보면서 자녀의 학교 생활에 관심을 가져주면 자녀의 성적이 향상될 수 있습니다.

4

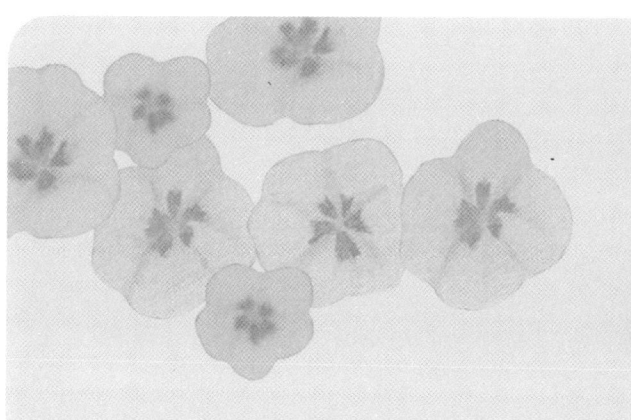

부모인 당신이 집에서 자녀를 대하는 태도가 자녀의 성적에 어떤 영향을 미치는가를 알아보겠습니다.

다음 질문에 ① 항상 그렇다 ② 그런 편이다 ③ 가끔 그렇다 ④ 그런 적이 별로 없다 ⑤ 전혀 그렇지 않다로 답해주시기 바랍니다.

1. 나는 아이가 방을 어지르면 당장 치우도록 해야 마음이 편하다.

① 항상 그렇다 ② 그런 편이다 ③ 가끔 그렇다
④ 그런 적이 별로 없다 ⑤ 전혀 그렇지 않다

2. 나는 아이가 다른 집 아이들에 비해 공부를 열심히 하지 않는 것 같아 공부하라는 말을 많이 한다.

① 항상 그렇다 ② 그런 편이다 ③ 가끔 그렇다
④ 그런 적이 별로 없다 ⑤ 전혀 그렇지 않다

3. 나는 다른 학부모들의 자기 자녀에 관한 이야기를 들을 때마다 우리 아이가 거기에 미치지 못하는 것 같아 화가 난다.

① 항상 그렇다 ② 그런 편이다 ③ 가끔 그렇다
④ 그런 적이 별로 없다 ⑤ 전혀 그렇지 않다

4. 나는 아이의 공부를 가르쳐주려고 나도 아이와 함께 공부를 한다.

① 항상 그렇다 ② 그런 편이다 ③ 가끔 그렇다
④ 그런 적이 별로 없다 ⑤ 전혀 그렇지 않다

5. 나는 아이의 학원에 관한 정보를 정확하게 분석할 능력이 있기 때문에, 아이 학원은 내가 등록시켜야 마음이 편하다.

① 항상 그렇다 ② 그런 편이다 ③ 가끔 그렇다
④ 그런 적이 별로 없다 ⑤ 전혀 그렇지 않다

6. 나는 아이에게 필요한 참고서는 미리미리 챙겨주려고 노력한다.

① 항상 그렇다 ② 그런 편이다 ③ 가끔 그렇다
④ 그런 적이 별로 없다 ⑤ 전혀 그렇지 않다

7. 나는 아이가 공부를 하지 않고 책만 보면 시간을 낭비한다고 생각한다.

① 항상 그렇다 ② 그런 편이다 ③ 가끔 그렇다
④ 그런 적이 별로 없다 ⑤ 전혀 그렇지 않다

8. 나는 아이가 컴퓨터와 오락에만 빠져 있는 것 같아 몹시 불안하다.

① 항상 그렇다 ② 그런 편이다 ③ 가끔 그렇다
④ 그런 적이 별로 없다 ⑤ 전혀 그렇지 않다

9. 나는 아이가 종종 부모를 속이고 학원을 빼먹는 것 같아 자주 체크해 본다.

① 항상 그렇다 ② 그런 편이다 ③ 가끔 그렇다
④ 그런 적이 별로 없다 ⑤ 전혀 그렇지 않다

10. 나는 아이의 기를 죽이지 않기 위해 아이 일에 자주 참견한다.

① 항상 그렇다 ② 그런 편이다 ③ 가끔 그렇다
④ 그런 적이 별로 없다 ⑤ 전혀 그렇지 않다

점수의 합계를 내기 위해 ① 2점 ② 4점 ③ 6점 ④ 8점 ⑤ 10점을 줍니다.

80 이상

당신의 점수가 80점 이상이라면 당신은 집안에서 자녀가 알아서 공부할 분위기를 만들어주기 위해 노력하는 부모입니다. 그러나 자녀에 따라서 부모가 자식 일에 너무 방임하는 것 같은 느낌을 줄 수도 있습니다. 자녀의 특성에 따라 조금 조절하면 좋은 결과를 가져올 수 있습니다. 《잔소리 하지 않고 유쾌하게 공부시키는 법 60》 제8, 16, 22, 26, 27, 28, 44, 48, 51, 56법칙 등을 참고하면 도움이 될 것입니다.

80~60

당신의 점수가 80점 이하 60점 이상이라면 당신은 비교적 자녀가 알아서 공부하도록 해주지만 때로는 불필요한 통제로 자녀의 기를 꺾을 수 있습니다. 이러한 당신의 태도를 통제해야만 자녀의 성적이 올라갈 것입니다. 《잔소리하지 않고 유쾌하게 공부시키는 법 60》 제4, 9, 13, 16, 24, 25, 26, 27, 30, 35, 42, 51, 58법칙을 참고하면 크게 도움이 될 것입니다.

60~40

당신의 점수가 60점 이하 40점 이상이라면 당신은 자녀의 공부에 너무 많이 나서거나 강제성을 띠어 자녀가 오히려 공부에 흥미를 갖지 못하도록 할 우려가 있습니다. 《잔소리하지 않고 유쾌하게 공부시키는 법 60》 제 13, 19, 22, 23, 24, 25, 28, 29, 30, 34, 35, 41, 42, 45, 47, 53, 54, 58법칙을 참고하면 자녀 성적 향상 방법을 찾을 수 있을 것입니다.

40~ 이하

당신의 점수가 40점 이하라면 당신은 자녀를 공부하라며 심하게 들볶는 부모입니다. 당신 자녀는 이미 공부에 대한 부정적인 이미지를 가지고 있으며, 공부 자체를 매우 부담스러워하고 있을 가능성이 높습니다. 따라서 당신은 《잔소리하지 않고 유쾌하게 공부시키는 법 60》을 필독하고, 자녀에게 충분한 자율권을 주어 스스로 공부하는 방법을 찾게 해주어야 학년이 올라갈수록 성적이 떨어지는 일을 막을 수 있습니다.

밥
역시 안 되는 거였군
...
끄억!

과연 나는
어떤 부모인가
…?